『プロレススーパースター列伝』秘録
原田久仁信
Kunichika Harada
文藝春秋

# 「プロレススーパースター列伝」秘録

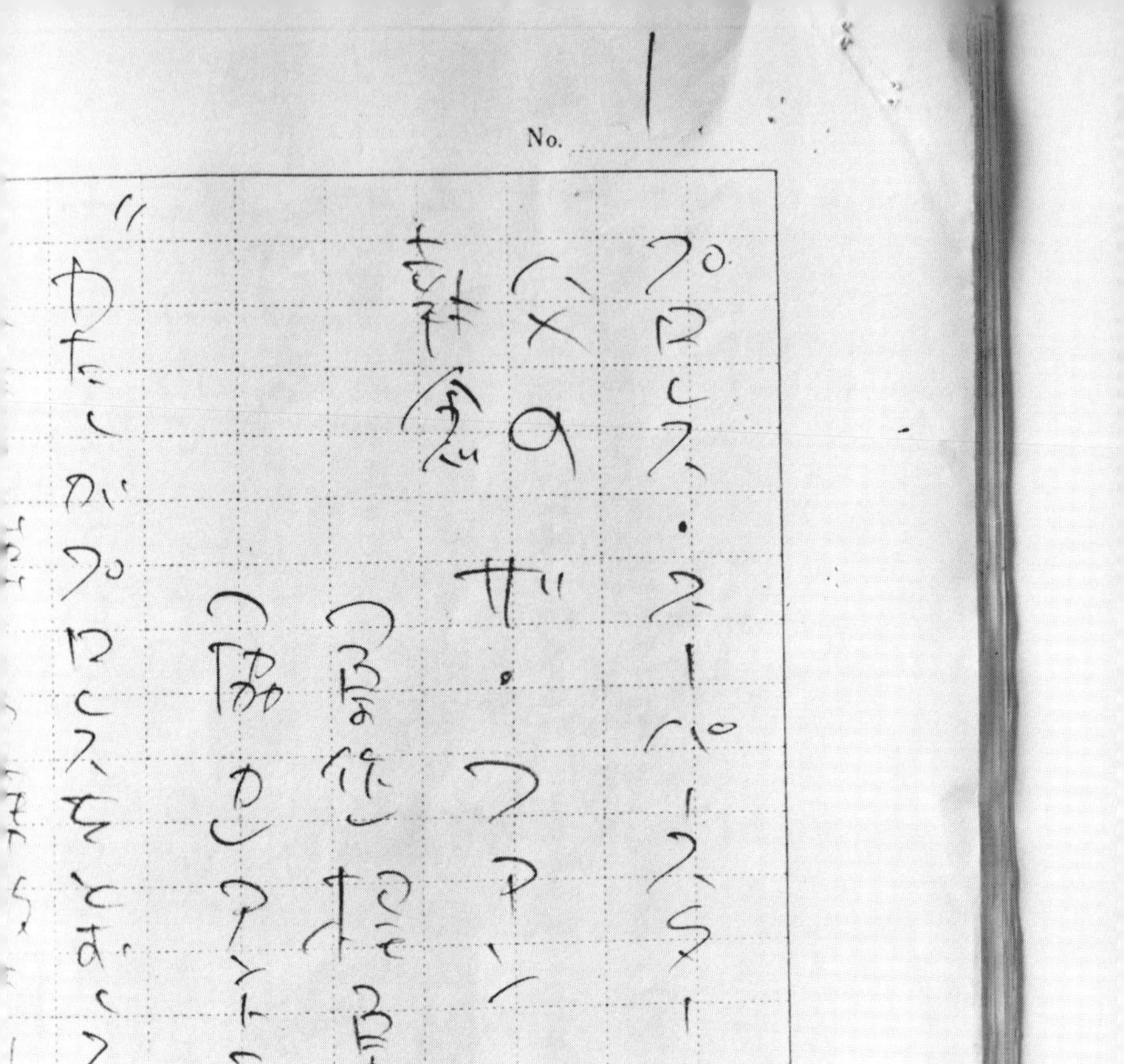

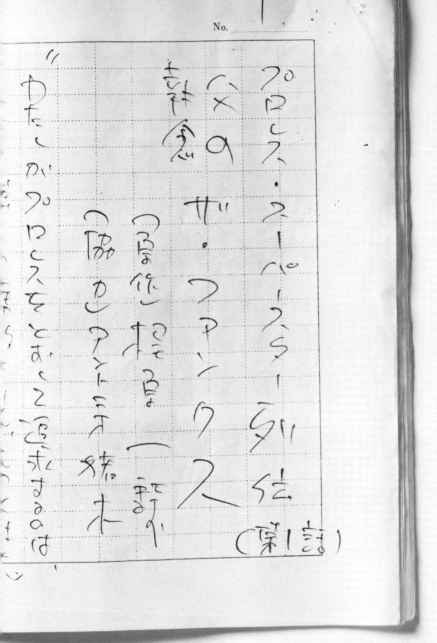


『列伝』連載第１話の原作原稿。梶原一騎のパワフルな筆致が印象的だ

[illegible]

な男のロマンそのもの。

悲願、わたしたちは血と汗で自らつかみとってきたものでも、すばらしい好敵手にたすけられてこそ花ひらいた。

彼らとのかずかずの死闘の本懐だ、この劇画のお役に立てば幸せに思う。

'80・4 アメリカにて [illegible]

「ドリー、レッツゴー!!」

「テリー、負けるな!!」

「ワー、ワ、ワー!!」熱狂歓声の嵐の中は続く

# プロローグ

漫画原作者の梶原一騎先生が世を去って、はや40年近い月日が経とうとしている。

僕の代表作である『プロレススーパースター列伝』が『週刊少年サンデー』（小学館）に連載されたのは、１９８０年から83年にかけてのことだった。

昭和のプロレス黄金時代と少年漫画誌の最盛期がちょうど重なり合ったこの数年間に、梶原先生とのタッグで作品を生み出せたことは、僕の漫画家人生における最大の幸運だった。その運命の巡り合わせにはいまも感謝している。

ファンタジーと実話の融合が魅力のひとつだった『列伝』は、時代の産物だった。真剣勝負で「物語の創出」に取り組んでいた梶原先生の姿に触発され、作画担当だった僕も、原作者のイメージを理想の形に具現化すべく、ペンを握った。リングの中の現実が、ときに幻想を追い越すほどの熱い時代だった。

僕にとって『列伝』の時代とはいったい何だったのか――そのことを考えるとき、思い出すことがある。それは『列伝』の連載が終わり、梶原先生の遺作となった『男の星座』を『週刊漫画ゴラク』（日本文芸社）誌上で連載していたときのことだ。

当時、僕はどうしても梶原先生に聞きたかったことがあった。それはボクシング漫画の金字塔『あしたのジョー』にまつわることである。

梶原先生が原作、ちばてつや先生が作画を担当した『あしたのジョー』（『週刊少年マガジン』に連載）は1973年に完結したが、そのラストシーンは主人公の矢吹丈が真っ白になった姿で燃え尽きるというものだった。

この結末は梶原先生の原作とは異なり、ちば先生の考案によるものである。「ジョーは試合に負けたが、ケンカには勝った」とする梶原版のラストに対し、ちば先生は「ここまで来て〝ケンカに勝った〟はあり得ない」と強く主張した。

『あしたのジョー』は、ちば先生の意向で連載当初から「必要性のある改変はＯＫ」という約束でスタートしたと聞くが、大物原作者としてアンタッチャブルな存在だった梶原先生のシナリオに本質的な異議を唱えたのは、後にも先にもちば先生しかいなかったと思う。

結局、このときはちば先生が折れなかったために梶原先生が譲歩する形となったが、この一件をめぐって両者は断絶し、作品完結後の交流はなくなっていたと聞かされていた。

「梶原先生。ジョーは最後、燃え尽きた——それで良かったのですか」

僕が思い切ってそう聞くと、闘病生活を経てガンジーのような風貌になっていた梶原先生は、静かにこう言った。

「ああ、そうだ。あれで良かったんだ。ジョーは燃え尽きたのさ」

梶原先生は、自分のすべてをさらけ出すことのできる、強い人である。何よりも読者を愛し、そのためであれば自分を捨てることもできる。このとき、僕は『列伝』の時代に自分が何を目指していたのか、初めて分かったような気がした。

梶原先生が作り上げる作品の世界観に対し、漫画家は常に意見を持たなければならない。原作から一歩も逸脱しない漫画を描くのではなく、原作をさらに輝かせるために、自分自身の努力と解釈を作品に反映させる必要がある。ただ、その大切さを本当に理解できるようになったのは『列伝』の連載が終わってからのことである。

当時の僕は、何の実績もない新人漫画家に過ぎなかった。ただ「梶原作品とはいえど、単なる作画の担当者になってはいけない」ということだけは強く意識していた。「思い切って懐に飛び込まないような漫画家を、あの梶原先生が好きになるはずがない」と思い込んでいたからである。

プロレスの魅力を読者に伝えるために、たとえ微力ではあっても、自分なりに作品にプラスの作用をもたらさなくてはならない。ただその一心で毎週の連載をこなしていた。

そのうち、梶原先生から「その調子でやれ」と励まされるようになった僕は、作品世界をもっと大きく見せるため、より大胆に、より思い切って描くようになった。プロレスの物語性、梶原先生の言葉、『少年サンデー』という人気誌、そうした強固な土台の上で仕事をさせていただいた結果、本来の自分ではとても到達することのできない、至高の風景を見せてもらうことができた。

僕にとって『列伝』は、人生の要諦と価値ある精神を教えてくれたバイブルであり、梶原先生とプロレスには、感謝という言葉だけではとうてい言い表せない大恩を受けたと思っている。


昭和のプロレスに心を躍らせ、『列伝』を愛読した世代はいま、社会の中枢で活躍する責任世代に差しかかっている。

ブッチャーの凶器攻撃に戦慄し、あるいは初代タイガーマスクの華麗な空中殺法に歓声をあげた少年たちが、「人生の縮図」でもあった当時のプロレスから学んだことは数多くあったのではないかと思う。

『列伝』の逸話に精通する元・プロレス少年たちからは、いまでもこんな告白を受けることがある。

「信じていたんです」

そんなとき、僕はこう答えている。

「あなただけじゃない。僕もですよ」

カンフーの達人「ガマ・オテナ」先生や、メキシコの「ウラウナ火山」の頂上近くにあるという「ごくぬるい鉱泉」についても、僕はその存在を疑ったことはない。いや、疑わしいとは思っていたが、少なくとも描くときには信じることにしていた。

「自分自身が信じなければ、読者も信じてくれない」――そう言い聞かせていたのである。

ひとつ、確実に言えることがある。梶原先生には、読者を「騙す」という意識は一切なかった。大人は騙すことができても、子どもを騙すことは不可能だというのが梶原先生の根本的な思想だった。

「汚い大人にだけはなるな。大切な気持ちを忘れるな」

あらゆる作品を通じ、子どもたちにそうしたメッセージを送り続けてきたのが梶原先生である。

『列伝』の現実離れした逸話の数々は、そこに梶原先生の「本気」が込められていたからこそ、力を持つことができた。『列伝』の連載を楽しみに待つ子どもたちとの「真剣勝負」に嘘はひとつもなかった。僕はそう考えている。

本書は、80年代に連載された『列伝』の制作秘話と、原作者・梶原一騎先生に関する僕の個人的な回想録である。

『列伝』のなかで物語の解説役をつとめたアントニオ猪木は2022年、世を去った。不世出のスターであった猪木へのオマージュをこめて、追悼の短編劇画を文藝春秋のサイトで発表したところ想像以上の反響があり、猪木ファンの不滅のプロレス愛を痛感させられた。この本が、僕を世に出してくれた梶原先生、そしてアントニオ猪木、プロレスファンへのささやかな恩返しとなれば幸いである。

原田　久仁信

目次
contents

プロローグ 4

第1章 ペルソナ 初代タイガーマスク 15
読者の人気投票で3位に／蔵前国技館の衝撃デビュー戦／原作者自ら「正体」に迫る／「太陽仮面」ソラールへの制裁／「疑わしきは真実」／「虎の仮面」に隠された葛藤／差別主義者ではなかったブラック・タイガー／理想を追い求めた佐山の「それから」

第2章 漫画家への道 41
老画家と「アトリエ」の記憶／あらゆる梶原作品を読破した少年時代／「偏見」を払拭させた猪木プロレス／大御所漫画家に履歴書を郵送／小学館の新人賞に入選しプロデビュー／『サンデー』編集部からの電話／「描くんだよ。君が」／漫画界にも空前のプロレスブーム

第3章 悪玉と善玉 61

# 第4章

## ザ・ファンクス
## スタン・ハンセン
## アブドーラ・ザ・ブッチャー

「ザ・ファンクス」で連載開始／猪木談話はすべて創作だった／ブッチャーに支払った10万円／アシスタントとステーキ屋に繰り出す／漫画家泣かせの「ジャンボ鶴田」／梶原先生からの直電話／「ガマ・オテナ先生」を探して／中華鍋で熱した小石に〝地獄突き〟／反響のあった意外な「隠れキャラ」／砕け散った日本人形／列伝名物「死のバトルロイヤル」

## 「ウラウナ火山」を探して
## アンドレ・ザ・ジャイアント
## ミル・マスカラス

コミックスの印税額で分かった「大反響」／4日間ですべてを完成させる／「木こり伝説」のリアリティ／輝く光は暗闇のなかから生まれる／再現を断念した「吊り天井固め」／マダコ攻撃を描くため生物図鑑を購入／デストロイヤーとの死闘／マスカラスの慈愛に潜む「梶原イズム」／セリフの取り違えでハワイから国際電話／「鉄人」ルー・テーズの涙

第5章
伝説と真実
タイガー・ジェット・シン
BI砲
カール・ゴッチ
リック・フレアー
写真が存在しない「伊勢丹前襲撃事件」／コールタールのなかの水牛／力道山の理不尽な「差別待遇」／馬場が経験した「日系レスラーの屈辱」／最も注意を払った「力道山刺傷事件」／連載中に外国人選手の引き抜き戦争が勃発／「ダラ幹」の本当の意味／蔵前国技館の控室で「金縛り」／幻の短編「カール・ゴッチ編」／ショーマンシップに欠けた男の悲劇／「4の字固めは短足ほど有利」の説得力／キラー・コワルスキーの「耳そぎ事件」
121

第6章
「ワン・モア！」
ハルク・ホーガン
ブルーザー・ブロディ
157

## ザ・グレート・カブキ

賑やかな年始の梶原邸／「超人」ホーガンのミュージシャン時代／破壊された腕相撲ゲーム／『ロッキー3』でスタローンと共演／最盛期を迎えていた『サンデー』／刺殺されたブロディの人生観／シンガポール出身のカンフー達人／自分にもできた「指の第一関節曲げ」／届けられた「ジャンボ鶴田編」の原稿／原作者逮捕と「アントニオ猪木監禁事件」／突然の連載打ち切りに呆然／段ボール箱に詰まった読者はがき

第7章

## 『男の星座』

自力で長州を取材し新連載をスタート／仙人になった梶原先生／最大の理解者「篤子夫人」との生活／講談社編集者と銀座クラブで再会／主人公「梶一太」に託した思い／自ら命を絶った「ジャニーさん」／最後に届いた「血染めの原稿」

189

描き下ろし漫画

## 『列伝』よ、永遠なれ 213

## エピローグ 246

作品に残された「人間のあるべき姿」／梶原先生の幻影を求めて／深夜のアルバイト生活で学んだこと／「まことのプロレス」を胸に

**装画**
原田久仁信

**構成**
欠端大林

**DTP**
オフィスアント

**装丁**
征矢武

**協力**
A・Tプロダクツ／梶原一騎

# 第1章

# ペルソナ

## 初代タイガーマスク

## 読者の人気投票で3位に

1980年から83年まで、足かけ4年にわたり『少年サンデー』（小学館）に連載された『プロレススーパースター列伝』。この作品が、多くのプロレスファンに愛され、記憶に残ることになった最大の理由を問われれば、僕はためらわず「初代タイガーマスク」（佐山聡）の存在を挙げる。

初代タイガーマスクが新日本プロレスのリングに登場したのは1981年4月23日。蔵前国技館におけるデビュー戦（対ダイナマイト・キッド）はプロレス界の伝説となっており、僕も梶原一騎先生に誘われ、会場に足を運んでいる。

実際にタイガーマスク編の連載が始まったのはデビュー翌年の1982年初頭で、27話（コミックスでは3巻分）のストーリーとなった。これは、作品に登場した選手のなかでも最大の長編である。

後にも述べるが、当時の『サンデー』編集部はまったくといっていいほど、作品に関する反響の類を僕に教えてはくれなかった。実際には読者から大量のハガキが編集部に届いていたのだが、それをまとめて渡されたのは連載が終わってからである。

ザ・ファンクスに始まりスタン・ハンセン、アブドーラ・ザ・ブッチャーといった当時の人気レスラーを描きながらも、僕はいつも「この路線でいいのだろうか」という不安を抱えていた。ところがタイガーマスク編に入ったころから、作品はかなり話題になっているようだという声が、アシスタントや知人の間からも聞こえるようになっていた。

あるとき、当時の『サンデー』編集長だった田中一喜さんからこう言われた。

「原田君、3位になったよ」

読者アンケートで、全作品中3位になったというのである。このとき、僕はかなり驚いた。当時の『サンデー』は、あだち充先生の『タッチ』、高橋留美子先生の『うる星やつら』が不動の2トップ。もちろんその他にも強力な連載陣が揃っているなかで、王道のラブコメの対極を行く、女の子の一切出ない『列伝』が3位に食い込むなど、あり得ない話だったからである。

もっとも、編集長はこう釘をさすことを忘れなかった。

「だが3位じゃなあ。本当に価値があるのは1位かビリだ」

いま思い返しても、かたくなに漫画家を褒めない編集部だったが、それでも僕は嬉しかった。当時、サンデーの発行部数は200万部超。初代タイガーマスクの物語を、全国のプロレス少年がいまや遅しと待ち構えている。その熱気はヒシヒシと伝わってきた。

## 蔵前国技館の衝撃デビュー戦

『列伝』のタイガーマスク編が人気を博したのには、いくつかの要因があった。ストーリーの原作者が、タイガーマスクの生みの親である梶原一騎先生だったことに加え、1981年4月から82年1月まで、アニメ『タイガーマスク二世』がテレビ朝日系列で全国放送されており、ブームの機運が醸成されていた。

そして何より大きかったのは、現実世界に登場した初代タイガーマスクが、アニメを凌駕するほどの天才的な選手だったことである。当時放送されていたアニメを覚えている人は少ないと思うが、佐山聡の伝説はいまなお語り継がれている。それほど初代タイガーのインパクトは絶大だった。

梶原先生が代表作のひとつでもある『タイガーマスク』を初めて発表したのは1967年のことだった。辻なおき先生の作画で、『ぼくら』（講談社）や『少年マガジン』（同）に連載された作品だが、これは『あしたのジョー』が連載された時期とほぼ重なっている。

その後、1980年に続編の構想が生まれ、いくつかの少年誌で『タイガーマスク二世』の連載が始まった。新日本プロレスに現実のタイガーマスクを登場させるという企画も、もともとはテレビアニメ版の『タイガーマスク二世』を盛り上げるためのタイアップ的発想だったと梶原先生から聞いたことがある。

ところがアニメの「引き立て役」のはずだった初代タイガーマスクが、それ以上の人気を集める存在となった。梶原先生も、まさかこれほどの逸材が登場するとは夢にも思っていなかったに違いない。

前述した初代タイガーのデビュー戦、僕は試合会場の蔵前国技館に足を運んだ。すでに前年より『列伝』の連載が始まっていたが、梶原先生と『サンデー』編集部からは「いずれタイガーを描くことになるから」と予告されており、当時はなかなか入手できなかったはずのリングサイド席が僕のために用意されていた。

試合開始前、会場から「サヤマ〜！」と叫ぶ声が聞こえたとき、僕は初めてタイガーマスクの正体が佐山という日本人選手だと悟った。佐山は新日本プロレス入団後、まもなく海外に遠征しており、１９７７年の「格闘技大戦争」で全米プロ空手選手のマーク・コステロと対戦したことで話題にはなっていたものの、相当詳しいプロレスファン以外には知られていない存在だった。

謎めいた実写タイガーマスクの登場に、大きな期待が集まった。

ところがである。

「なんだよ、あれは……」

花道を入場してきたタイガーを見て、僕は正直、拍子抜けした。漫画家の視点で言えば、まず注目したのはその覆面デザインである。ところが、大歓声に包まれて登場したタイガーのマスクはどう見ても急ごしらえのチープなもので、虎というよりも「風変わりな猫」という表現がぴったりだった。

僕はとても嫌な予感がした。アニメにこじつけただけの、ハッタリ選手を描かされることになるのではないか――そんなことにまで思いを馳せたが、それは杞憂に終わった。

まず、コーナーポストに一瞬で立ち上がったそのスピードである。これがもっさりとした動きでなかったことに僕は感激し、猫マスクで下がったテンションは一気に回復した。ゴングが鳴った直後、宙に浮くような独特のステップと、空を切るソバットをタイガーが繰り出したとき、会場の空気は一変した。ジュニアの選手でもなかなか見ることがないスピード感だった。その独創的で斬新な動きには、従来のプロレスにはなかった革命性が宿っていた。

唯一、お粗末だった猫マスクについては、事情を後になって聞かされた。急遽のデビューが決まり、マスクの製作期間がごく短かったためだという。もちろん『列伝』ではデビュー戦から「黄金の虎マスク」姿で登場させている。

## 原作者自ら「正体」に迫る

タイガーマスク編の連載が始まると、梶原先生の原作は輝きを増した。何より、いつもギリギリだった原稿の到着が早くなり、鉛筆書きの文字には強い筆圧が感じられた。

まず、ストーリーの軸となったのは単純明快に「タイガーマスクの正体」というテーマである。デビュー戦を終えたダイナマイト・キッドは試合後、記者の直撃を受け、苦々しげにこう語る。

**〈ファン、なにもしらんでよくプロレス記者がつとまるな！　やつは今年の2月、メキシコからロンドンへ同じ覆面をつけ遠征してきやがってアルバート・ホールで約10試合やった！　そして5人以上のイギリス人レスラーが病院へおくられた！〉**

なんとも具体的な情報だが、まだインターネットもなかった時代、子どもたちだけではなく、僕もそのミステリアスな「病院送り伝説」を信じた。

オールカラーで仕上げたタイガー編の初回は、このように締めくくられている。

## 〈タイガーマスクはメキシコばかりかイギリスにも血の足跡をしるしていた!! わたし（梶原一騎）はアニメ・タイガーマスクの原作者として、その正体のナゾにせまってみよう！〉

すべてを知る梶原先生自身が、タイガーの正体を語るという。その言説には、これ以上はない説得力があった。

それまでの『列伝』は、アントニオ猪木が解説役として登場し、アントンマークとともに「アントニオ猪木（談）」のコメントで締めくくるスタイルが定着していた。ところが、このタイガーマスク編に関しては、梶原先生自身が作品に登場し、極秘情報を明かしていくという異例の演出が多用された。

タイガー編の第2話で、当時、新日本プロレスの営業本部長をつとめていた新間寿さんが登場し、新日本プロレスのリングにタイガーマスクを登場させる構想について、梶原先生と話し合う場面がある。

「全日本プロの人気者マスカラスのようなタイプのレスラーも必要だな」という梶原先生に対し、新間さんが全面賛成。テレビアニメに合わせて本物のタイガーマスクを登場させるという企画がトントン拍子に決まったという流れだが、この部分に関して言えば、僕のなかでは極めて実話に近い感触があった。

そして、この第2話で早くも「佐山サトル」の名前が浮上。「もしタイガーの正体が佐山だとすれば、彼はいったいどのような男なのか」とストーリーは展開していく。

## 「太陽仮面」ソラールへの制裁

当時、僕は仕事場に家庭用のビデオデッキを導入していた。もちろん『列伝』シフトの一環で、プロレスの試合を録画、再生するためである。空中殺法や関節技など、再現が難しい技を多発する選手が主人公のときは、この秘密兵器が大活躍した。

ソニーのベータマックスとトリニトロンカラーテレビをセットで購入したが、価格は約45万円と高額だった。これはコミックスの印税が入ったおかげで何とか買えたのだが、それでも清水の舞台から飛び降りる覚悟で導入したことを覚えている。

このとき、いきなり佐山の話がスタートしたため、格闘技に詳しい関係者からあるビデオを急いで入手し、映像を確認した。

「格闘技大戦争」と銘打たれたその大会は、1977年11月14日、日本武道館で開催された。日米対抗形式の試合が8試合組まれ、メインではキックボクサーの藤原敏男が登場しているが、これはある意味で納得のブッキングだった。というのも、この大会は梶原先生が主催する大会で、藤原選手は梶原作品の『四角いジャングル』にも登場する、いわば「梶原印」の重要格闘家の一人だったからだ。

この大会で、当時新日本プロレスの新人選手だった佐山は、アメリカの空手家マーク・コステロ（作品中ではマイク・コステロ）とキックボクシングに近いルールで対戦し、判定で敗れている。

僕はその試合をまるで関知していなかったが、ビデオで見る限り、当時の佐山には後に顕在化する格闘志向がすでに芽生えているようにも感じられた。『列伝』では、原作に「KOされるより死ね!!」（山本小鉄）とあったため、佐山の負けぶりを強調して描くことになってしまったが、実際にはそこまで悲惨な負け方はしていない。

もっとも、まだ家庭用のビデオが普及していなかった時代、この試合を後からでも確認できた人はほとんどいなかったと思われ、多くの少年ファンは素直に『列伝』で描かれた佐山の黒歴史を信じていただろう。

ところが、梶原先生の原作は意外な方向に進む。

**〈猪木はじめ、関係者が佐山＝タイガーマスクではないと否定的でも……一部のファンは佐山サトルがタイガーに変身したと信じこんでいるようです！〉**

ここで「タイガーの正体は佐山ではない」という証言者、「太陽仮面」エル・ソラールが登場する。ソラールは、タイガーの素顔写真を記者の前に掲げてみせ、読者を混乱に陥

タイガーマスクの正体を明かす「太陽仮面」エル・ソラール

らせるのである。

ソラールは、覆面レスラーの正体を口外するというプロレス界のタブーに触れたため、田園コロシアムの試合でタイガーの厳しい「制裁」を受けることになった。

1981年9月23日の「田園コロシアム決戦」といえば、本書の読者には説明不要だろう。アンドレ・ザ・ジャイアントとスタン・ハンセンというトップ外国人選手がシングルで激突した、新日本プロレスの全盛期を象徴する興行だ。僕はこの試合も会場で観戦していた。

この日、確かにタイガーはソラールと戦っていたが、試合途中にソラールが肩を痛めたように見え、何となく中途半端な形で試合が終わってしまった記憶があった。ところが梶原先生の原作によれば、このときタイガーはおしゃべりなソラールに激怒していたということになっている。

「そうだったのかよ……」

半信半疑のところもあったが、とりあえず僕はそれを信じた。プロレスファンだったアシスタントも「タイガー、怒ると怖いんですね」と納得の表情だった。

「ソラールが受身に失敗し、肩を脱臼しただけ」というプロレスファンの定説を知ったのはずいぶん後になってからのことだったが、もしそうだったとすれば、極悪に描いてしまったソラールには悪いことをしてしまったかもしれない。

## 「疑わしきは真実」

このころの僕は、自分なりの感性や想像を作品にかなり反映させていたが、梶原先生から物言いや注文がつくことは一切なかった。

たとえば、目に歌舞伎で言うところの「隈取《くまどり》」をほどこしたミスター・カンフー（イギリス時代）の顔つきや、タイガーが修行に明け暮れたというメキシコの養成機関「虎の穴」（タイガー・ホール）、あるいはライバルだったという実力派選手テラー・ロッカなどは、指定がなかったためにすべて僕のイメージで描かせてもらった。

梶原先生は、隈取で目尻をつり上げたカンフーの絵を気に入ってくれたのか、その後、この「隈取」の秘密を深掘りするようなストーリーが展開された。原作者と描き手がお互いにアイディアを出し合って、1＋1を2ではなく5や10にする。そんな仕事を何の打ち合わせもなしに即興でやっていたのだから、いま思えば神がかり的だった。

「火の酒テキーラをどうぞ」と猪木に酒をすすめる、ソンブレロをかぶった老メキシコ人記者が語る「虎の穴」の説明はこんな調子だ。

**〈その養成機関はメキシコ・シティから150キロ、人里はなれた太陽とサボテンだけの荒野にそびえる古い要塞です。この養成機関の特徴は、ふつうに立って歩く時間が、ほとんどゆるされぬこと！　いわゆるウサギトビやヒンズー・スクワットできたえられる足、腰、背筋の強さこそレスラーの生命であるのはミスター・イノキもごぞんじのとおり！〉**

正直に告白すれば、「虎の穴」が実在することはないと思っていた。辻なおき先生の元祖『タイガーマスク』でもフィクションとして描かれていたためである。

だが、1ミリでも真実の可能性が残る場合、僕はそれを真実として描かなくてはならない。刑事裁判の世界には「疑わしきは罰せず」という言葉があるが、『列伝』の場合は「疑わしきは真実」なのである。

とはいえ、何も手がかりのない「虎の穴」である。ここは大胆に再現しようと思い、西部劇の映画『シェーン』のパンフレットを参考にしつつ、サボテンありのメキシコ風にア

「虎の穴」(タイガー・ホール)の過酷な訓練風景

レンジした。

「ウサギトビ」と言えば、梶原ファンにはおなじみ『巨人の星』のエッセンスだ。螺旋状の階段が設置された円筒形の施設を描き、星飛雄馬ばりの地獄のトレーニングを再現した。イメージとしては1970年代に『週刊少年ジャンプ』(集英社)で連載された『アストロ球団』(原作・遠崎史朗、作画・中島徳博)に近かったかもしれない。

ちなみに後に登場する、ブラック・タイガーの正体とされたテラー・ロッカについては、こちらも資料がなかったため、何となく西部劇つながりで「チャールズ・ブロンソン」似のキャラクターにした。

『列伝』における架空のレスラーにつ

いては、ほとんど自由に描かせてもらった記憶がある。そもそも架空の選手かどうか、原作に書いてあるわけではないので、実在する選手かどうかはこちらで判断しなくてはいけない。

そのあたり、編集部が事前に確認してくれるわけでもなく、僕が梶原先生に内容を問い合わせるということもはばかられたので、すべては阿吽《あうん》の呼吸である。時間もなかったため、あまり深く考えずに処理するようにしていたが、まだネットもない時代であり、当時はマニアの読者から細かく追及されるようなこともなかった。

架空の人物という点で言えば、後年『男の星座』を描いたとき「ジャニーさん」というキャラクターについて、なぜか「財津一郎風」という指定があり、ちょっと驚いたことがあった。「ジャニーさん」と言えば、いまはなきジャニーズ事務所の創業者しか思い浮かばないのだが（実際に同性愛者の設定だった）、間違って本物のジャニー喜多川似にならないよう、梶原先生があえて注意喚起したのかもしれない。

「虎の穴」時代のタイガーマスクで好きな場面がある。

**〈メキシコでは人気レスラーが試合場にやってくると、まちかまえていた少年少女ファンが、あらそってカバンをもちたがる。カバンをもった子はレスラーと一緒に無料入場できるからですが……タイガーは絶対ことわった。〉**

タイガーは「ケチンボ!!」「ファンだったけど、もうやーめた!!」とファンから罵声を浴びることになる。だが、その「真意」を老プロレス記者が解説する。

**〈一人の子だけ喜ばせても、あとの大勢の子たちがさびしい……それがタイガーの信念でした。〉**

元祖『タイガーマスク』から連綿と続くヒューマニズムである。「貧しく恵まれない子どもたち」は、梶原作品の重要なファクターだ。梶原先生自身、非行少年だった時代の一時期を教護院で過ごしており、そのときの体験が『タイガーマスク』や『あしたのジョー』といった代表作のモチーフとなっていることはよく知られている。

『男の星座』の連載中だった1987年に梶原先生が亡くなったとき、僕は葬儀に参列して驚いたことがあった。仏式ではなく、キリスト教式の葬儀だったからである。

恥ずかしながら、僕は何年も仕事をさせていただいたにもかかわらず、梶原先生が信仰を持っていたことを知らないでいた。聞いたところによれば、梶原先生が正式な洗礼を受けていたことはなかったそうだが、あの太宰治の担当編集者もつとめた先生の父、高森龍夫さんは敬虔なクリスチャンだったという。

『悪役天使』という梶原先生の作品がある。孤児院で育った主人公が、ケンカ野球でカネを稼ぎ、「あすなろ母子寮」の子供たちに無償の愛を注ぐ物語だ。僕はこの作品に触れたとき、そこにキリスト教のエッセンスを感じ、不思議に思ったことがあった。『列伝』の根底にも流れる慈悲、誠実、忍耐といった思想のルーツは、キリスト教の教えにあったのかもしれない——そのことを、僕は梶原先生が亡くなってから初めて気づいたのだった。

## 「虎の仮面」に隠された葛藤

タイガーマスク編には、当時梶原先生と近しい関係にあった空手関係者が多数、登場する。「士道館」の添野義二さん、「ケンカ十段」芦原英幸さん、「空手界の首領」黒崎健時さんなど、純粋なプロレス少年たちにはあまり馴染みのなかった面々が、作品では割合、重要な人物として描かれている。

添野さんは見かけによらず大変気さくな方で、連載中、梶原先生の練馬の自宅で顔を合わせると「俺も登場させてよ」「息子も読んでるからさ。出るとオヤジとして自慢できるんだよ」と正直なお願いをされた。

『列伝』が終わって『男の星座』が始まるとき、梶原先生に「マンガは原田君がいいと思うよ」と推薦してくれたのも添野さんである。

佐山が「格闘技大戦争」でマーク・コステロに敗れた後、悔し涙を流す佐山に声をかけた人物が黒崎さんだった。これも後から知ったことだったが、この大会の主催は梶原先生で、プロモーターが黒崎さん。そして新日本プロレスに入団していた佐山は、黒崎さんが設立した「目白ジム」でトレーニングしており、黒崎さんが新日本に「佐山を貸してくれ」とお願いして、大会に出場する運びとなった。

だから『列伝』で描かれた佐山と黒崎さんのやりとりは、多少脚色されている部分はあるにしても、梶原先生との人間関係に立脚した真実味のある話だったと僕は思っている。

当時の梶原先生は、公私にわたって佐山を可愛がっていたように見えた。当初、「タイガーの正体」を軸に展開していた物語が、やがて「人間・佐山サトル」の真実の物語に転化していったのも、よく分かる気がする。

虎のマスクをかぶり、リングに上がっていた佐山には大きな葛藤があった。

「観客が応援しているのはタイガーマスクであって、自分自身ではない」

「自分のやりたいことは、飛んだり跳ねたりのプロレスではない」

タイガー人気が爆発すればするほど、佐山の悩みは深まったと思う。そんな心中を身近にいる梶原先生は敏感に感じ取り、タイガーの正体は佐山であるとは断言しないものの、彼自身の人間ドラマを描くようになったのではないか——当時の僕はそう感じていた。

個人的な考えを言えば、観客は佐山のタイガーを応援していたのであって、仮に別の選手が虎の覆面をかぶっていたら、社会現象になるほどのタイガーブームは起きていなかっただろうと思う。実際、佐山の後に2代目、3代目と後継のタイガーマスクが登場したが、初代の伝説があまりにも強烈だったせいか、いずれも大きなインパクトを残すことができないままに終わっている。

梶原先生は、葛藤を抱える佐山に対し、自分なりのメッセージを投げかけようとしていた。それはリングの上と外で同時に2つのドラマが進行しているような、不思議な感覚だった。

## 差別主義者ではなかったブラック・タイガー

『列伝』のタイガーマスク編が始まったのは、佐山タイガーのデビューから約1年後のことだったが、ストーリーの進行と現実にリングで起きていることの時系列はだんだん接近し、やがて『サンデー』の連載は、タイガーの試合をニュースのように扱うような状況に突入した。

タイガーの刺客、ブラック・タイガーの日本デビュー戦（蔵前国技館）は1982年4月21日。だが、そのシーンは早くも5月上旬、『列伝』の連載で再現されている。いまでも覚えているのは猪木の長すぎるせりふ回しだ。

〈ム……ムッ…………だが、正体さぐりをやっとっても勝負に勝てん！　タイガーがブラック

現実と同時進行だった「タイガーマスク編」の連載

**とやる4月21日、ブッチャーとぶつかる藤波よッ、二人で練習試合だ!!〉**

全体的にセリフが長い『列伝』だが、このときはさすがに「藤波、タイガー、リングに上がれッ」くらいでは済まないのだろうかと思ってしまった。当時はあまりにも現実と漫画がシンクロしていたため、少年読者のために、いろいろ状況の説明が必要になっていたという事情もあったのだろう。

蔵前国技館におけるタイガーマスクとブラック・タイガーの初対決は両者リングアウトの引き分けに終わった。だが、内容面はブラックの優勢を印象付けるもので、ここからしばらく、タイガーとブラックの抗争が続くことになる。

当時は金曜日（夜8時からの『ワールドプロレスリング』で中継）に初代タイガーマスクの試合が終わると、次週火曜日にその内容を反映した梶原先生の原稿が届き、4日間で作画を完成させ、次の週の水曜日に発売されるという流れだった。テレビで試合を見たプロレス少年が、約10日後に発売される『サンデー』で試合を追体験する。当時はまだ『週刊プロレス』『週刊ゴング』など、後に誕生するプロレス週刊誌は存在しなかったため、『列伝』は速報性のあるプロレスメディアとしても機能していたように思う。

当時の連載で、ブッチャーとブラック・タイガーが新幹線の中で大立ち回りを演じるという場面があった。

新幹線での移動中、ブラックは同乗していたタイガーマスクに向かって、わざと聞こえるようにこんな嫌みを口走る。

**〈あいつは今後、ペーパー・タイガー（紙の虎）とでも改名したらいい！　なぜなら雑誌の漫画だけで強そうに仕立てられたニセモノだからな！〉**

すると、横でそれを聞いていたブッチャーが、ブラックに対して「ヘイッ、ブラック！すこし口がすぎるぜッ！」と釘をさすのだが、これに対してブラックは牙をむく。

**〈シャーラップ（だまれ）!!　黒ブタふぜいが黒いトラに対してでかい口をきくな!!〉**

「実話」と断定的に紹介された「新幹線事件」

ブッチャーは手に持っていたトランプカードを投げ捨て、立ち上がる。「いった、いった、ミーが一番トサカにくることを〜〜〜！」と叫び、新幹線の通路で向かい合う2人。そこで坂口征二が「やめんかあ!!」と飛び込み、騒ぎは何とか収まった。

梶原先生は「これは新幹線の名古屋—京都間で起こった実話である!!」と断言。事件の発生時刻まで書かれては、当時の僕としても信じるよりほかなかったが、後に新日本プロレスで外国人選手の担当をしていたミスター高橋さんからは「まずあり得ない」と聞いた。

高橋さんによれば、選手の新幹線移動はあったものの、日本人であるタイガーや坂口が外国人選手と同じ新幹線に同乗することは絶対になく、またブラック・タイガー（マーク・ロコ）は温厚な性格で、間違っても差別用語を口に出すような人間ではなかったという。ちなみに移動中のブラックがマスクをかぶることはなく、外国人の列車移動は新幹線を含め、原則グリーン車だったというから、いま思えばいろいろ現実離れしたシーンに仕上がってしまったようだ。

「黒ブタ」や「黒んぼ」など、『列伝』における差別用語は、いたるところに登場している。これは、ある時期からコミックス版では特に断りもなく別の言葉に差し替えられていたが、それが実行されたのはおそらく80年代後半に巻き起こった『ちびくろサンボ』など一部書籍の絶版騒動のあたりではなかったかと思う。

僕は勝手に改変するのではなく、当時の時代状況を説明したうえで、そのままの形で掲載したほうが良いのではないかと思っていたが、小学館サイドからも特に意向を聞かれることはなかった。梶原先生も亡くなっていたので、おそらく版元の判断だったのだろう。

もちろん、いまから描く新作であれば差別用語の使用は回避すべきだと思うが、人権意識の有無とは別に、そうした用語がかつて使われていたという事実はあり、ただ単に差別用語を消滅させれば問題はないという考えは、作品全体の世界観にも影響を与えかねない。実際、あえて当時の言葉遣いを直さないで刊行している作品もあるのだから。

ブッチャーとは親しかった梶原先生だけに、何らかの形でブッチャーから黒人であるがゆえに受けてきた不当な扱いについて、聞かされていたのかもしれない。ただ、ブラック・タイガーが差別主義者であったかのように信じてしまった読者に対しては、僕の責任でもって、それを訂正しておきたいと思う。

## 理想を追い求めた佐山の「それから」

『列伝』のタイガーマスク編は1982年7月に終了した。人気絶頂を保っていただけに、継続する手もあったとは思うが、すでに他の選手と比べて大幅に長くなっていたこともあり、ちょうどコミックス3巻（全27話）に収録できるタイミングで終了となったのだろう。

その後、タイガーは「虎ハンター」小林邦昭との抗争で新日本プロレスのリングを盛り上げたが、1983年5月に梶原先生が講談社編集者への暴行容疑で逮捕され、『列伝』の連載は打ち切りとなった。そして直後の8月、タイガーこと佐山聡は電撃的な新日本退団を発表し、団体内のいわゆる「クーデター事件」で猪木が社長を辞任（後に復帰）、この騒動で新間寿さんは新日本を去ることになった。

いま思えば、仮に梶原先生の逮捕がなかったにせよ、1983年のどこかで『列伝』の連載は終わっていただろうと思うのだが、その前に、もっとも初代タイガーマスクが輝いた時代を作品として描くことができたのは、本当に幸運だったと思っている。

新日本プロレスを退団した佐山が、自分の理想を追い求め「脱タイガーマスク」の人生

原作者・梶原一騎（右）とタイガーマスク　Ⓒ木村盛綱

を模索した姿は、漫画家である僕の心にも響くものがあった。

僕は『列伝』で注目されたことで、その後は普通の漫画を描いても、自分が描いたキャラではなかなか注目してもらえなかった。「似顔絵じゃないとダメ」という状況が続き、そこから何とか脱却したいと悪戦苦闘したこともある。そのとき、どこかで自分を佐山の姿と重ね合わせているような時期があった。

ファン、あるいは読者が求めているものと自分自身がやりたいことは、必ずしも一致するものではない。佐山の場合、持っている才能がずば抜けていたため苦悩の幅も大きくなったと思うが、僕はそんな才能を持ち合わせていなかったため、割合すぐに「読者の求めるものを描けばいいんだ」という心境に至ることができた。

長い時間を経て、佐山が再び虎のマスクをかぶったとき、僕は嬉しかった。タイガーマスクとは佐山のことであり、タイガーマスクを否定する必要はないということを、分かってくれたような気がしたからだ。僕と佐山は言葉を交わし合った仲ではないが、作品を通じていつも「仮面の内側」にある表情を読み取ろうとしていた僕にとって、初代タイガーマスクは同時代を生きた永遠の「同志」である。

第2章

# 漫画家への道

第1回小学館新人コミック大賞（77年上期）に入選した『ビッグ・ウェーブ』の原画

## 老画家と「アトリエ」の記憶

僕がどうして漫画家を志し、デビュー間もなく大物原作者だった梶原先生と出会ったのか。ここで『列伝』以前の話を簡単に振り返っておきたい。

僕は1951年、福岡県に生まれた。祖父は開業医を営んでおり、地元ではそれなりの名士として知られていたと聞く。次男として生まれた父は4人きょうだいだったが、2人は医者で1人は銀行マン。ところが、なぜか父だけがまっとうな道から外れてしまった。広告代理店の会社で働いていたと聞いたが、正直なところ具体的に何をしていたのか、いまでもよく分からない。その父は僕がまだ幼いころ、結核にかかり亡くなってしまった。

同じ時期、母も大病を患ったことから、小学2年生だった僕は静岡県熱海市で旅館の支配人をしていた叔父さんの家に預けられ、そこで育てられることになった。

まだ福岡県にいた時代、僕は祖父の知り合いという老画家に絵を習っていた。どうしてそのような流れになったのかは分からないし、いまではその先生の名前も忘れてしまったのだが、母と一緒にアトリエに行くと、写生用のモデルフルーツや石膏の置物などが置いてあり、ときどきモデルの裸婦がいたことも覚えている。

「今日はこれを描きなさい」

先生から言われるままにモチーフを模写したが、少年時代の僕はこれが得意で、かなり熱中して取り組んだ。後に漫画家になって人物の似顔絵を描いたときに「案外うまいね」と言われたが、もしかするとこのときの「修行」の成果が後になって表れたのかもしれない。その後、前述のような事情で福岡から遠く離れた熱海に引っ越し、高校を出て就職するまではそこで暮らした。

小・中学校時代に熱中したのは漫画だった。『少年マガジン』『少年サンデー』が相次いで創刊されたのは1959年のことだったが、それ以前から手塚治虫先生の作品や、『ロボット三等兵』（前谷惟光）など貸本漫画を愛読していた。

学校では、漫画本を調達してはクラスに届ける役目を担っていたため、「漫画の原田君」と思われていた。読むだけではなく、同級生をそっくりに描いた「ノンフィクション漫画」をチラシの裏に描いたりして、学校内で脚光を浴びたこともある。プロが描く漫画を真似て、きちんとコマ割りをした作品だった。

このころから、友人たちには「将来、漫画家になるんだ」と宣言していた。もっとも、何か具体的なビジョンがあったわけでもなく、何の取り柄もなかった自分には、それくらいしか思いつく職業もなかっただけの話だった。

## あらゆる梶原作品を読破した少年時代

僕が梶原先生と出会うことになるのはずっと先の話だが、梶原先生の作品については、まだ漫画家になる前に、読者として主要な作品はそのほとんどを読んでいる。

『プロレス悪役物語』（絵物語）、『巨人の星』（画・川崎のぼる）、『夕やけ番長』（画・荘司としお）、『柔道一直線』（画・永島慎二、斎藤ゆずる）、『タイガーマスク』（画・辻なおき）、『空手バカ一代』（画・つのだじろう、影丸穣也）、『愛と誠』（画・ながやす巧）……ほかにも挙げたらきりがない。

僕はある時期まで、梶原先生の存在を意識していなかった。それぞれ絵が違うため、原作者が同一ということに気づかなかったのである。

あるとき、自分が面白いと思う作品の扉絵に「梶原一騎」というクレジットがやけに多いことにふと気づき、集中的に調べたところ、無意識のうちに自分が梶原作品に傾倒していたことが判明したのである。

それだけではない。『あしたのジョー』（画・ちばてつや）、『ジャイアント台風』（画・辻なおき）、『キックの鬼』（画・中城けんたろう）といった作品の原作者「高森朝雄」も梶原先生の別名義であることが分かり、あまりにピンポイントで梶原作品を愛読していた自分が少し恐ろしくなった。

「原作って大事なんだな……」

そのことを痛感させられた瞬間だった。

原田家の面々には、格闘技好きが多かった。僕自身も子どもの頃に空手や柔道を習っていたが、それは熱海の叔父さんが拓殖大学の空手部出身だったことによる。

熱海に住んでいたとき、外国から箱に詰められたパイナップルが送られてくることがあった。僕は何も気にせずそのパイナップルを平らげていたが、後に僕がプロレスの漫画を描くことになったとき、叔父さんからこう言われて驚いたことがある。

「家に届いてたパイナップル、あれ猪木の兄さんがブラジルから送ってくれていたものなんだぞ」

アントニオ猪木の実兄にあたり、戦後に一家でブラジルに移住した相良寿一さんは拓大空手部出身で、叔父さんと同級生だったというのである。

驚いて再度、確認すると叔父さんはこともなげにこう言った。

「なんだお前、知らなかったのか。みんな知ってるぞ」

ただの偶然と言えばそのとおりだが、人間の出会いには必然の要素もあると僕は思っている。梶原作品に精通し、その世界観を愛したからこそ、自分にチャンスが回ってきた。そう考えるのは決して不遜なことではないと思うのである。

## 「偏見」を払拭させた猪木プロレス

同世代の少年たちがみなそうであったように、僕は力道山の時代からテレビ中継にかじりついていた、熱烈なプロレスファンである。

まだ僕が小学生のころ、力道山がお忍びで熱海に訪れたことがあり、旅館で力道山に頭をなでられたこともある。だから1963年に力道山が刺され、数日後に亡くなったと聞いたときには本当に驚いた。

空手家でもあった叔父さんは、プロレスに対しややひねくれた見方をする人だった。テレビの前で正座し、手に汗握って試合を観ている僕にこんなことを言う。

「よく見ろ。足で音出してるじゃねえか」

大木金太郎が十八番の「原爆頭突き」で相手を沈めるのをよく見ると、確かに頭がゴツンと当たる瞬間に、足でマットを大きく踏み鳴らしている。

「効いてないんだよ、ホントは」

当時の僕は、その的確な指摘に思わず「なるほど」と感心してしまったが、だからといってプロレスを嫌悪するような気持ちにはならなかった。

プロレスが、野球やボクシングとは本質的に異なるショービジネスであるということは、子どもながらにうすうす理解はしていた。僕ら少年ファンの間でも「この技は本当に効くのか」という検証実験が毎日のように学校の柔道場で行われており、4の字固めのように「本当に痛い技」と、スピニング・トーホールドやアトミックドロップのような「微妙な技」が選別された結果、「本当は効いてないのに、効いたフリをしているのではないか」という疑念を抱いた時期もある。

プロレスに対して偏見を持ちかけたころ、それを払拭してくれたのがアントニオ猪木だった。ストロング小林との日本人対決や、モハメド・アリ戦を始めとする異種格闘技戦は「プロレス最強」のロマンを蘇らせてくれた。

1976年の「猪木vsアリ」はよく覚えている。当時、俳優の石坂浩二さんがこの試合のポスター用に油絵を描いており、趣味のレベルを完全に逸脱したその芸術性の高さには大いに驚かされた。肝心の試合については、ほとんど攻防がなかった「凡戦」に多少失望したものの、「もしここで猪木が勝ったら、何か大きな力が発動し、尋常じゃないできごとが起きる」という予感もあったため、どこかでほっとした気持ちがあったのも事実である。

そもそも、あいまいな世界、ファジーな世界をクリアにしないと気が済まない人は、プロレスにどっぷりはまることはない。たとえ虚飾の世界であっても、目を凝らせばそこには何らかの真実が潜んでいるのであって、その意味でプロレス鑑賞にはある種の忍耐力、包容力が必要だ。

善玉と悪玉の戦いに、どんな結論があるのか。プロレスが示してくれる答えは無限に広がっており、ファンはいつしか善悪を超えた領域に導かれる。こうした弁証法的な人間ドラマを体現できるジャンルは、プロレスだけなのではないだろうか。

## 大御所漫画家に履歴書を郵送

地元では「熱高《あたこう》」と呼ばれる静岡県立熱海高校を卒業後、僕は就職のため上京した。漫画家になりたいという夢は消えていなかったが、地方組で情報もなかった僕は、「漫画家になる」ために具体的にどうしたらいいのか分からなかった。

いまもそうだと思うのだが、漫画家としてデビューするためには、著名な漫画家のアシスタントになって下積みを重ねるか、有名雑誌に作品を持ち込む、あるいは新人賞に応募し入賞するなどのルートがある。

ただ、当時の僕はまだ1本の作品を描くだけの力もなかったし、就職する前に何人かの漫画家先生の事務所には「アルバイトしたい」という手紙と描いた絵を送ったが、いずれも返事すらこなかった。

当時の僕には「絵がうまくないと採用されない」という固定観念があった。だから、絵が抜群にうまいと感じる先生のところは敬遠し、「この絵だったら僕でもいけるかもしれない」と思った先生を選んで、採用願いの手紙を送っていた。失礼ながら正直に告白すれば、『ハレンチ学園』や『デビルマン』で知られる永井豪先生は、僕がアルバイト希望の履歴書を送った漫画家の一人である。

いま思い返しても「絵がうまい漫画家は格上」といった浅はかすぎる考えを持っていたことを恥ずかしく思うが、当時は業界の事情にも無知だった。

すでに名をなした漫画家のアシスタントに求められている能力は必ずしも画力ではなく、あまり人が描きたがらない絵も描く忍耐強さや、作品との相性である。そもそもアシを採用するのはチーフアシスタントの仕切りであることが多いから、いきなり「俺の絵はどうでしょう」などと送り付ける若造は、そこで働くスタッフを脅かす存在でしかなく、採用されるはずがなかった。

高校を出た僕が就職した会社は、アパレル事業を展開していた「JUN」（ジュン）だった。漫画とまったく無関係な就職活動だったわけではなく、およそファッションセンスというものがなかった当時の漫画を、少しでも洗練されたものにするため、業界に入って少し勉強してみたかったというのが動機である。

当時、僕が入りたかったのは「アイビールック」の生みの親である石津謙介さんの「VAN」（ヴァンヂャケット）だったが、こちらは当時、採用そのものがなく断念した。JUNのほうは、採用を担当していた部署の責任者が同じ高校の出身者だったこともあり、半ばコネ入社のような形で採用が決まったのである。

当時、JUNの社員寮が台東区にあった。古い連れ込み宿を改装したような作りだったが、地元の熱海の古旅館にも似ていて居心地は悪くなかった。僕はそこに入居する形で、サラリーマン生活をスタートさせた。

時代は1970年。この年11月、市ヶ谷の自衛隊駐屯地に作家の三島由紀夫が突入し、割腹自殺を遂げた。学生運動の余波が日本全体を覆い、騒然とした青春時代だったような気がする。

JUNでの仕事は楽しかった。デザイン室の先輩にはかわいがってもらい、得意のデッサン力で何か会社に貢献できる日がやってくればいいなと思っていたが、わずか1年で退職することになってしまった。

JUNを辞めたあと、引き続き服飾やデザイン関連の仕事、あるいは関連の勉強でもしようかと思ったが「本当に自分がやりたい仕事なのか」という思いも消えず、頭のなかに漫画家になるという夢は依然として残っていた。

当時、新宿にあった長沢節が主宰する「セツ・モードセミナー」で学ぼうかとも考えたが、出入りしている関係者の風体と自分の姿があまりにも違いすぎるため、あっさりと断念したこともある。僕はここから約5年間にわたり、定職に就かずバイト生活を送った。基本は肉体労働で、漫画とは一切関係のない世界である。

大工や防水工事、建設現場作業といった仕事をこなすなかで、いちばん長続きしたのは「日芸」という老舗美術製作会社の仕事だった。テレビＣＭや各種番組、映画などの「セット」を作る、いわばテレビ局における「美術スタッフ」と似た仕事で、ギャラは格段に良かった。

自分の仕事がテレビで確認できるという点では面白い仕事だったが、自分にとって「転機」となったアルバイトに出会ったのは、もう少し後のことである。

## 小学館の新人賞に入選しプロデビュー

１９７０年代半ば、僕は地元の友人とともに夏の一時期、伊豆諸島の「新島」でアルバイトをした。伊豆諸島は熱海からほど近く、僕にとっては「ホーム」の感覚である。

新島は伊豆大島より少し南に位置する小さな島だが、当時は知る人ぞ知る「ナンパの島」と呼ばれ、夏になれば、少し危ない出会いを求める若い男女が集まることで、地元ではあまり良くない意味で有名になっていた。

１９８６年、シャネルズのメンバーだった田代まさしが『新島の伝説』という、本人唯一のソロ・シングルをリリースしている。作詞が秋元康、作曲は鈴木雅之という豪華な布陣だが、これは「ナンパ島」の伝説が増幅されて生み出されたものだ。

僕がバイトをしていたのはその10年ほど前だが、当時はまだ「伝説」が全国的に知れ渡るような状況ではなかった。とはいえ島内の治安は悪く、ヒッピーまがいの来島者が持ち込んだ「ハシシ」（大麻）が蔓延していたのも事実である。

島にやって来るチャラ男たちの多くは女性目当てだったが、基本的に女性の来島者は少ないため、島に住んでいる純朴な女の子たちが狙われることがあった。暴挙を働く「外来者」に対し、当時の島民は業を煮やしており、島の女性が強引なナンパをされた場合、夜になると島の男たちが「島狩り」と称するお礼参りをかけ、ナンパ野郎が泊っている民宿を急襲する騒ぎが何度もあった。

新島は江戸時代まで、流刑地として罪人が送り込まれた歴史を持つ。島内には数奇な歴史を物語る史跡が数多く残されているが、僕は人間の情念が凝縮されたようなこの島の雰囲気が嫌いではなかった。

ある日、僕はこの島で神秘的な体験をした。幼いころになくなった父親が突然夢の中に登場し、黄金に輝く朝焼けのなかに無言で佇んでいた。自分のなかではまるで現実と見分けがつかないほどはっきりとした記憶だったが、冷静に考えれば夢だったとしか説明がつかない光景である。金縛りにあったように動けずにいたところ、父の姿は消え、朝焼けの光も消えていた。

僕はそのとき、理由は分からないが父に手ひどく「怒られる」と感じ、どんな叱責を受けるのか、恐れたような気がする。我に返ったとき、僕は自分の人生と真剣に向き合っていなかったことについて反省した。

その日から、僕は「漫画家になる」という子どものころからの目標に向かって突然、走り始めた。ひと夏を過ごした新島に伝わる伝説をモチーフにして、出版社に持ち込む作品を描き上げた。それが『ビッグ・ウェーブ』である。

何十年にたった一度だけ、島にやってくるという大波に立ち向かうサーファー青年の物語。最初は集英社の『少年ジャンプ』に持ち込んだが、簡単にダメ出しを食らった。講談社の『少年マガジン』は、『あしたのジョー』のファンだった僕にとって何となくハードルが高い存在で、ならばと向かったのが小学館の『少年サンデー』である。

こちらは意外にも反応が良く、作品は第1回小学館新人コミック大賞（1977年上期）の「入選二席」に滑り込んだ。初回ということもあってか審査は厳しく、大賞、特選の該当作はなし。受賞作のなかでは実質2位という成績である。なおこのとき、僕が応募した「少年まんが部門」の応募作品総数は254編だった。

大物漫画家にまつわる「伝説」でよくあるのが、後に名作となる原稿を持ち込んだのにまったく相手にされず、他社に持っていったら大ヒットした、という類の逸話である。

漫画は感性が大切で、最初に評価する編集者と描き手の相性が悪いと、売れるものも売れなくなる。結果論ではあるが、僕はこのとき『サンデー』に拾ってもらったことで『列伝』につながったわけだし、当時の『ジャンプ』が異色の梶原劇画を扱うとも思えなかったことを考えると、あのとき『ジャンプ』に門前払いされたことも、いまではいい思い出になっている。

余談になるが、新人賞の入選から2年後、日本である映画がヒットした。『ビッグ・ウェンズデー』というジョン・ミリアス監督の青春映画である。水曜日、カリフォルニアの海岸にやってくると言われる伝説の大波「ビッグ・ウェンズデー」に挑む3人の若者の物語だが、このストーリーは偶然にも僕が描いた『ビッグ・ウェーブ』のプロットと酷似していた。

もし、この映画がもう少し前に公開（アメリカでの公開は日本上映の前年だった）されていたら、僕の漫画は完全な「パクリ」扱いになっていただろう。さまざまな幸運にも助けられ、僕は小学館の『サンデー』増刊で読み切り作品の仕事を始めることになった。

漫画家への道が開けたこの時期、僕は交際していた女性と入籍した。彼女は手先が器用でトーンを貼ったりベタを塗るなど簡単なアシスタント業務ができたため、二人三脚で作品を仕上げた時期もある。次なる夢は『サンデー』本誌でのデビューだった。

## 『サンデー』編集部からの電話

僕が漫画家として活動を始めた70年代後半、少年漫画誌の勢力図は現在とかなり異なるものだった。

当時『ジャンプ』と首位を競り合っていたのは秋田書店の『少年チャンピオン』で、短期間ながら同誌は発行部数1位になったこともある。

連載陣も充実していた。『ブラック・ジャック』（手塚治虫）、『ドカベン』（水島新司）、『魔太郎がくる!!』（藤子不二雄）、『番町惑星』（石ノ森章太郎）、『キューティーハニー』（永井豪）、『マカロニほうれん荘』（鴨川つばめ）、『がきデカ』（山上たつひこ）、『恐怖新聞』（つのだじろう）など、これだけ巨匠が勢揃いしていれば首位も納得である。

『サンデー』も上昇機運にあり、70年代後半から80年代初頭にかけ、『うる星やつら』（高橋留美子）、『サイボーグ009』（石ノ森章太郎）、『タッチ』（あだち充）といった名作が生み出された。超が付く大物新人として期待されていた高橋留美子先生は、デビュー前からサンデーの抱える「秘蔵っ子」として業界では有名だったが、王道のラブコメで実力通りの活躍を見せたのは周知のとおりである。

1980年1月、『サンデー』増刊号で『バイタル拳次』（原作・竹山洋）というボクシング漫画の短期連載（同年5月まで）が始まり、僕が作画を担当した。

女の子の絵はどうしても苦手だったが、梶原作品に慣れ親しんでいる僕は、格闘ものならそれなりの心得がある。この作品にはファイティング原田や輪島功一など、実在するボクシングの歴代王者が登場するシーンがあったため、僕は資料を取り寄せて写実的な似顔絵を描いた。

後に『列伝』がスタートするとき、僕が指名された理由はいまだにはっきりとしていない。ただ、このボクシング漫画を梶原先生が見て、候補の一人に挙げたのは時期的に見ても ほぼ確実だったと思っている。

1980年春のこと、小学館の『サンデー』編集部から電話がかかってきた。

「4月3日に蔵前で新日本プロレスがあるんだけど、原田君、行かない？」

プロレスファンである僕に断る理由もなかったが、そうしたことは初めてだったので、理由が気になった。編集者は、そんな思いを見透かしたようにこう続けた。

「梶原先生も来るからさ」

その言葉を聞いて、謎はさらに深まった。梶原先生はこの年2月、同じ蔵前国技館で行われた異種格闘技戦「猪木vsウィリー・ウィリアムス」でリングサイドに陣取り、主役級の存在感を見せていた。何かその試合の余波でもあるのだろうかとも考えたが、3日の試合は「猪木vsスタン・ハンセン」のNWF世界ヘビー級選手権試合である。

とにかく、何も言わずに行くしかない——それが僕にとって唯一の選択肢だった。

## 「描くんだよ。君が」

試合当日、蔵前国技館に足を運ぶとそこには何人かの小学館幹部、他社を含めた梶原先生の担当編集者、漫画家と思しき面々のほかに、ボディガード役の空手家を従えた梶原先生がいた。度のついたサングラスが不気味に光り、周囲が緊張している様子が手に取るように見て取れる。

そんなとき、僕は梶原先生に挨拶しなければと近づき、特に深く考えることなく気軽に話しかけた。

「原田です。よろしくお願いします。梶原さんは……」

その瞬間、取り巻きの幹部の顔色が変わった。ジャケットを引っ張るようにして僕を奥に引っ込めると、あわててその場を取り繕った。

「梶原先生！　彼はまだ新人でございまして至らないところもありますが、本日はなにとぞよろしくお願いいたします……」

梶原先生は特に反応もなく、「オウ、そうか」といった調子でその場を去っていった。

梶原先生が視界から消えるのを最後まで確認した幹部は、僕の方を向くと憤慨してこう言った。

「原田君！　梶原サンじゃないでしょ、サンじゃ！」

ちょっとした先輩に挨拶するようなノリで話しかけてしまったが、出版界の常識ではあり得ないふるまいだったようだ。社会経験が不足していた当時の僕は、そうしたことにまったく無頓着だった。

猪木がハンセンを破り、新王者となったのを見届けて僕らは解散し、家路についた。「何かの事情でプロレスのチケットが余っていたのかな」くらいにしか思っていなかったが、僕の帰宅を待っていたかのように、自宅の電話が鳴った。今度は先ほどとは別の小学館の編集者だった。

「おめでとう。連載、決まったな」

「何の話ですか」

「梶原先生の連載、始まるから。プロレスもので、描くんだよ。君が」

あまりに突然の話で、信じられない思いだった。子どものころから作品に触れ、仰ぎ見る存在だった梶原先生と「タッグ」を組むことになるというのである。

その場には、僕のほかにも何人か漫画家がいたはずだったが、僕も含めて梶原先生とは会話らしい会話はなかったように見えた。最初から僕と決まっていたのか、それとも今日の「面通し」が実質的な面接だったのか。いまでも本当のところは分からない。

## 漫画界にも空前のプロレスブーム

『列伝』がなぜ始まることになったのか、これについても僕はいまだに正確なところが分からない。当時の編集者に聞いたこともあったが、田中一喜編集長から決定事項として聞かされただけで、詳しい経緯については知らないという。名物編集長として知られた田中さんは残念ながらすでに他界しており、真相を確認することはできない。

これも『列伝』が始まってからの話だが、僕は同郷（静岡県）の親しくしていたある漫画家から、このような「逸話」を聞かされたことがあった。

「原田君、連載が決まって良かったね。実はこの連載、初めは僕がやるという話になっていたんだよ」

彼は本当に人柄のいい人間で、これは決して嫌みではなく、純粋な祝福であることは十分理解していた。とはいえ、そうであればなぜ彼に内定していた描き手が変更されたのか、それも謎だった。

この点についても、当時の編集者に聞いたことがある。彼はこう語った。

「作画の担当が内定していたのに、そこから変更されるということはあり得ない。当時、描き手についての指名権は梶原先生にあったので、編集部が変更することはあり得ないし、梶原先生は一度決めたことを変更するような人ではなかったからね」

いずれにせよ、力量も未知数だった新人同然の僕を、梶原先生に候補として推薦したのは当時の『サンデー』編集部だった。ひとつの大きな冒険であったと思うが、あのときチャンスを与えてくれた編集部にはいまでも感謝している。

1980年当時のプロレス界は元気だった。メジャー団体（全日本と新日本）の試合は毎週ゴールデン中継されており、出版界では『私、プロレスの味方です』という村松友視さんの本がベストセラーとなっていた。『ジャンプ』では『キン肉マン』（ゆでたまご）、『リッキー台風』（平松伸二）、『マガジン』でも梶原先生が原作の『四角いジャングル』（画・中城健）、『愛しのボッチャー』（河口仁）が連載中で、いま思えば「プロレス黄金時代の夜明け」と呼ぶにふさわしい、そんな時期だった。

第3章

# 悪玉と善玉

## ザ・ファンクス
## スタン・ハンセン
## アブドーラ・ザ・ブッチャー

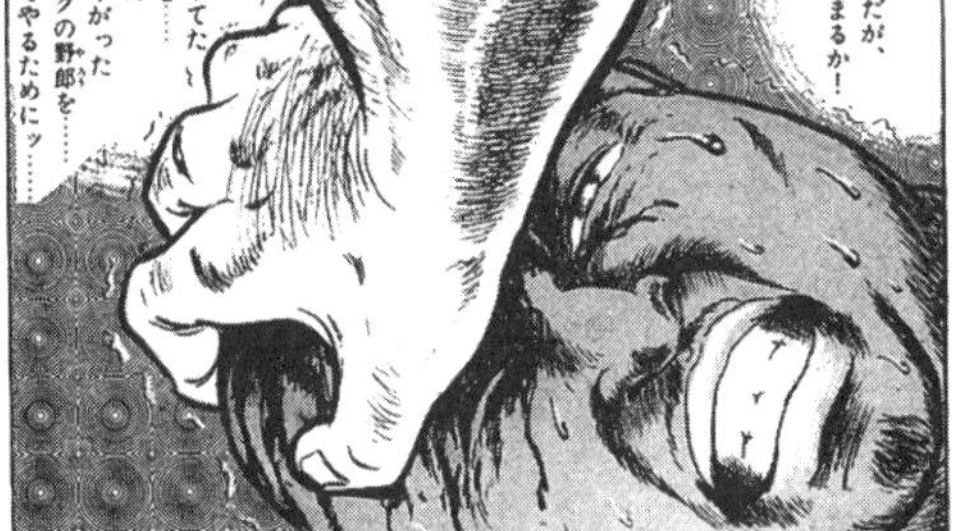

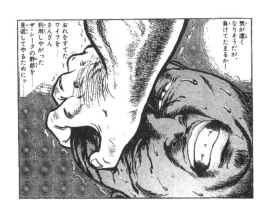

## 「ザ・ファンクス」で連載開始

いくつかの出版社からコミックスとして刊行されている『列伝』だが、主人公となる選手について『サンデー』連載時の登場順と、コミックスの登場順は一致していない。『サンデー』とコミックスの登場順は別表のとおりだが、全日本プロレスと新日本プロレスの間で外国人選手の引き抜き合戦が行われていた時代でもあり、編集部が総合的に判断して連載時に反響の大きかったアブドーラ・ザ・ブッチャーをコミックスの第1巻に持ってきたのだろう。

『サンデー』連載時のトップバッターは、全日本で活躍していたザ・ファンクスだった。登場選手の人選については「全日本と新日本の双方に配慮するため、両団体の選手を交互に取り上げる」という方針だったという。

連載スタート時の所属団体を見ると①ザ・ファンクス（全日本）②スタン・ハンセン（新日本）③アブドーラ・ザ・ブッチャー（全日本）④アンドレ・ザ・ジャイアント（新日本）⑤ミル・マスカラス（全日本）⑥タイガー・ジェット・シン（新日本）⑦馬場&猪木（全日本・新日本）⑧カール・ゴッチ（引退）⑨リック・フレアー（全日本）⑩タイガーマスク（新日本）⑪ハルク・ホーガン（新日本）⑫ブルーザー・ブロディ（全日本）⑬ザ・グレート・カブキ（全

## 『プロレススーパースター列伝』選手の登場順

| 小学館コミックス収録順 | 『少年サンデー』連載登場順 |
|---|---|
| ①アブドーラ・ザ・ブッチャー（1～2巻） | ①ザ・ファンクス |
| ②スタン・ハンセン（2巻） | ②スタン・ハンセン |
| ③ミル・マスカラス（3～4巻） | ③アブドーラ・ザ・ブッチャー |
| ④ザ・ファンクス（4～5巻） | ④アンドレ・ザ・ジャイアント |
| ⑤タイガー・ジェット・シン（5～6巻） | ⑤ミル・マスカラス |
| ⑥アンドレ・ザ・ジャイアント（6巻） | ⑥タイガー・ジェット・シン |
| ⑦G・馬場とA・猪木（7～8巻） | ⑦G・馬場とA・猪木 |
| ⑧タイガーマスク（9～11巻） | ⑧カール・ゴッチ（小学館コミックス未収録） |
| ⑨ハルク・ホーガン（12～13巻） | ⑨リック・フレアー |
| ⑩ブルーザー・ブロディ（14～15巻） | ⑩タイガーマスク |
| ⑪ザ・グレート・カブキ（16巻） | ⑪ハルク・ホーガン |
| ⑫リック・フレアー（17巻） | ⑫ブルーザー・ブロディ |
| | ⑬ザ・グレート・カブキ |

日本）となっている。

連載中の3年間に目まぐるしい移籍騒動があったが、一応、プロレス界の秩序を守るために、バランスを取った人選であったことが分かる。

ドリーとテリーの「ザ・ファンクス」から物語がスタートすると知ったときは、正直、不安でいっぱいだった。

まず、ベビーフェイスは表現が難しい。ファンクス人気は知っていたが、ピークは過ぎているようにも思われたし、その人気の立役者はむしろ悪役ブッチャーである。テリーは女性人気が高く、少年漫画誌向けにどういった原作になるのか想像もつかなかった。

梶原先生から、編集部を経由して原稿用紙に書かれた原稿のコピーが届けられた。丸みを帯びた、意外に可愛らしい文字だが冒頭部にはこうあった。

**〈わたしがプロレスをとおして追求するのは、たんなる強さや勝敗よりも、もっと壮大な男のロマンである。過去、わたしなりに血と汗で白いマットにつづってきたロマンも、すばらしい好敵手たちが存在してこそ花ひらいた。彼らとのかずかずの死闘の体験が、この劇画のお役にたてれば幸せに思う。**

**'80・4　アントニオ猪木〉**

長い、長すぎる……それが第一感だった。

おそらく、当時の少年漫画で冒頭からこれだけ長いセリフを読ませるような作品はほとんどなかったと思う。仮に入れたとしても、子どもたちはそれをすっ飛ばして先を読んでしまうのではないか。僕は頭を抱えた。

だが、わざわざ梶原先生が猪木に取材しているはずの重要なコメントである。

「これは大変な仕事になりそうだな……」

僕は週刊誌の連載というものを経験していなかったため、ネームの内容については編集部や原作者との打ち合わせがあるものだと思っていたが、特にそうした要請もなく、１００％自力で毎週20頁を完成させなければならない。

少年漫画誌で新連載が始まる場合、初回は表紙の絵とともに「巻頭カラー」が用意され

コミックス収録の「ファンクス編」冒頭の1コマ

ることが多い。だが『列伝』新連載がスタートした号の表紙は『うる星やつら』のラムちゃんで、巻頭カラーではあったものの、扱いは地味だった。

連載に備え、まずは若いアシスタントを1人確保していたが、本当にこの先連載をやっていけるのかどうか、いきなり暗雲が垂れこめた。

普通、新連載となれば数ヵ月前から準備が始まり、何本かのストックを作っておくのが通例と聞いていた。しかし、最初の原稿が来たのは初回の締め切りの2週間ほど前で、しかもその原稿を見たとき、初めて「あ、ファンクスからやるんだ」と知ったのである。

当然、ストックを確保するような余裕はなく、結局連載が終わるまで毎週1本勝負の「背水の陣」が続くことになった。

## 猪木談話はすべて創作だった

ファンクス編は、兄弟の父であるドリー・ファンク・シニアとの「父子鷹」の物語を軸として始まった。とはいえ、当時すでにシニアは死去しており、少年ファンにとってなじみのない人物である。

「ミイラ男」ザ・マミーや「荒法師」ジン・キニスキーといった日本プロレス時代の古い選手たちが登場したため、僕は小学館の編集部に助けを求めた。大昔に『サンデー』で連載されていた『プロレス悪役物語』というシリーズを思い出し、その記事のコピーが欲しいとお願いしたのである。

『プロレス悪役物語』は、選手のイラストと梶原先生の原稿がセットになった絵本のようなつくりになっており、レスラーの絵がやけにリアルだったことから僕の記憶に残っていた。小学館の刊行物だけに、編集部はすぐに資料を用意してくれたが、当時『サンデー』を読んでいたことが、こんな形で役に立つとは思いもよらなかった。

ファンクスの物語は、ドリーとテリーの少年時代をハイライトしていたため、顔を似せて描くこともできず、猪木のコメントも日本プロレス時代の話だったりして、最後まで時代設定を外してしまった感は否めない。

猪木本人が作品の解説役として登場することになったとき、僕は「さすが梶原先生だ」と驚きを隠せなかった。だが、基本的に全日本のリングで活躍しているファンクスの場合、馬場をさしおいて猪木がコメントするというのもよく考えれば奇妙な話だった。極力、猪木が解説しやすい展開にすることを考えた結果、古い時代の話になったのかもしれないが、そのあたり選手のヒストリーをどこまで追いかけるのかという『列伝』のコンセプトが、このときはまだクリアに定まっていなかったように思う。

『列伝』について、いまだによく読者の方々から質問されるのは「あの猪木コメントは本当だったのか？」という点だ。

結論を言えば、すべては梶原先生の創作である。僕がそれを知ったのは連載が始まってだいぶたってからのことだった。練馬高野台のご自宅で、僕は勇気を出して質問した。

「あの〝猪木（談）〟というのは大変ですよね。毎週、忙しい猪木さんに話を聞かなくてはいけないわけですから……」

すると梶原先生は、あまりにもあっさりこう言うのだ。

「お前、何を言ってんだ。聞くわけねえだろう！」

大胆すぎる創作と、それを許していた猪木の度量に、僕は再び衝撃を受けた。「伝説は信頼から生まれる」とは、まさにこのことである。

ファンクス編の後半になって、編集部から猪木の似顔絵、いわゆる「アントンマーク」

が送られてきた。「猪木（談）」が入る部分にこれを入れるので、スペースを空けておいてくれというのである。僕が描いたものではなかったが、確かにアイコンとしては効果的でコメントも印象的なものになる。当時の僕はまだ、猪木本人の談話と信じていたので素直にそう思えたのだった。

## ブッチャーに支払った10万円

ファンクス編が始まっても、特にこれといった反響もなく、連載は坦々と続いていった。僕は毎週水曜日にできあがる『サンデー』にも目を通さなかった。反省点ばかり後から目につくので、精神的に辛く見ていられないのだ。

そんなとき、僕はこう思い込むようにしていた。

「おそらく、読者の反応は悪いんだろう。だが、それは自分のせいじゃない。何しろこの作品はあくまで梶原先生のものであるのだから、受けても外しても、責任は梶原先生にある。だから僕は関係ない……」

そうこうしているうちに、ファンクス編は終わり「首折り魔」スタン・ハンセンの登場となった。このときは「助かった」という気持ちだった。

まず、ハンセンは描きやすい。ウエスタンな風貌に口髭、そしてラリアットという分かりやすい必殺技。何より、猪木の最大のライバルとして現在進行形の戦いを繰り広げているところだったから、〝猪木（談）〟のコメントも生きてくる。

おそらく、梶原先生もハンセン編でリズムをつかんだようだった。第1話にこんなシーンが出てくる。1980年2月、ハンセンにリングアウト負けを喫した猪木が喉元を押さえながらこんな言葉を絞り出すのだ。

**〈やつが……一人の偉大なレスラーの……レスラー生命をうばっていることに……もっと注意すべきだった……〉**

昭和のプロレスファンには有名な、ハンセンの「首折り伝説」がいきなりの登場だ。1976年、ハンセンはWWWF（現在のWWE）のリングに登場。MSG（マジソン・スクエア・ガーデン）におけるブルーノ・サンマルチノ戦でラリアットを放ち、サンマルチノの首を骨折させた。実際はボディスラムの際、サンマルチノが受け身に失敗し、頸椎を痛めたものだったが、僕の記憶では当時、かなりのファンがこの「首折り伝説」を信じていたし、僕自身も実話だと思っていた。

こうしたさまざまな逸話、伝説の類があればあるほど、梶原節はその輝きを増す。善玉ファンクスにはこうした規格外のエピソードが少なかったが、「ブレーキの壊れたダンプカー」と呼ばれたハンセンには、そうした暴れん坊伝説が豊富にあったし、また本人のイメージによく馴染んでいた。

梶原先生とハンセンが個人的に親しかったということはない。おそらく話をしたこともなかったと思う。だが、連載中にこんな話を聞いたことがある。日本にいるハンセンの知人が、本人に「日本のコミックで描かれているよ」と教えてあげたところ、本人は非常に喜んで、それを誇りにしていたというのである。

ちなみに、後に『列伝』に自分が登場していることを知ったブッチャーは、梶原先生にギャラを要求したという。これは直接、梶原先生から聞かされた。

「ブッチャーの野郎から金、せびられたよ」

「いくら払ったんですか」

「ああ、10万で手打ちだ」

肖像権という概念が実質なかった時代でも、きっちりギャラをせしめたブッチャーはさすがである。

## アシスタントとステーキ屋に繰り出す

『列伝』におけるハンセンは、高校を卒業後、プロレスラーになるべく地元テキサスのプロモーターに売り込みを始める。実際のハンセンは大卒者であり、アメフト選手や教職を経てこの世界に入っているが、当時はそのあたりの細かい経緯を気にするような読者はほとんどいなかっただろう。

懐かしいシーンがある。プロモーターにデビューを直訴するハンセンだが、格闘技の経験がないと分かると相手にしてもらえない。

そこでハンセンは「実力行使」に出る。駐車場にあったドラム缶を、ベアハッグのように両手で抱きかかえ、そのまま「ベコン！」と潰してしまうのである。

ベアハッグでドラム缶を潰してみせたハンセン

**〈プロレスラーのボディはドラム缶より固いですかねえ？〉**

ひしゃげたドラム缶を前に啖呵を切るハンセン。それを見たプロモーターは「つ……使ってみよう！」と呟くのだった。

人間がドラム缶を潰すのはさすがに無理だろうと思ったが、原作にそうある以上、それを描かなければならない。そもそもどんな形に潰れるのか想像もできないので、缶ビールのアルミ缶を潰して参考にした。ドラム缶は質感を出すために、トーンは使わずペンだけで描いたが、あり得ないシーンでも何とか描けるものだと妙な自信がついた気がした。

第3話の冒頭も印象的だ。

**〈涙のしょっぱい味つけでパンを食った人間でなければ本当の人生に対するファイトはわかない！〉**

いま、このセリフが登場した80年代を思い出すと、すでに日本は全体的に裕福になっており、食べる物にも苦労するような時代は過ぎ去っていたことは確かだった。その一方で、まだ戦中戦後の苦難を生きた人々が社会の中枢に残っており、ハングリー精神の効能が説得力を持っていた時代でもあった。

ハンセンがファンク牧場でトレーニングに励んでいると、すでにプロレスラーとして成功していたドリーとテリーが、極上ワインと血の滴るようなステーキが並ぶ食卓を囲む。ドリーが「このステーキは大きすぎるな」とつぶやくのを見て、ハンセンは「俺に声をかけてくれッ！」と期待するのだが、残りのステーキは無情にも庭を走り回っていた大型犬の餌となってしまうのだ。

実はこのシーンを描いていたとき、僕らの仕事場でも同じことが起きていた。

「なんだかステーキ食いたくなってきますね……」

アシスタントがそう言い出した。実は僕も同じ思いだった。

「ハンセンは食わしてもらえなかったけど、俺たちは今日ステーキ、食うか」

そうして、近所の安いステーキ屋に繰り出したことを覚えている。

『列伝』では、しばしば食事のシーンが出てくることがあり、ステーキが出てきたときには、必ずスタッフもステーキを食べていた記憶がある。梶原先生の教えに従えば、当時の僕らはまだ、涙の味付けでパンをかじるべきだったのかもしれないが……。

## 漫画家泣かせの「ジャンボ鶴田」

ハンセン編では、ファンク牧場でハンセンとともにトレーニングをしていた若き日のジャンボ鶴田が登場する。鶴田は梶原先生が「最強」と支持していた選手で、『列伝』でも描く予定が決まっていたのだが、梶原先生の逮捕による連載打ち切りで、その「ジャンボ鶴田編」は幻となってしまった。

鶴田は漫画家泣かせの選手だった。僕の力不足を棚に上げて言えば、顔の凹凸が少なく、体もそれほど筋肉が浮き出ているわけでもないので、特徴がとらえにくく、どう描いても似せられない。同じことは藤波辰爾や坂口征二にも言えた。
絞め技で反則負けを繰り返したハンセンは、鶴田のアドバイスを受け入れ、ノドに直接腕を叩きつける「ラリアット」を開発する。木にタイヤを吊るし、両腕をぶつける練習に取り組むハンセン。それを見た鶴田は語る。

**〈ぼくにはきみのやろうとしていることがおよそよめる。ドリーさんとテリーさんもただごとじゃないと予感してるみたいだ。〉**

このあたりに差し掛かると、本当に描きやすくなってきた。僕の知らなかった「類人猿」ブル・カリーという選手がハンセンの「犠牲者第1号」として描かれていたが、選手自身は実在したものの、ラリアットを初めて繰り出した相手かどうかは分からないままだった。ただし、梶原先生は断言する。

**〈ハンセンが、まだ生まれるまえから「テキサスの悪役王」の名をほしいままにしていたブル・カリーはこのたった一撃で、首の骨折とムチ打ち症のため引退！「ブレーキのこわれたダンプカー」の大暴走がおっぱじまる!!〉**

ここから、ハンセンとは個人的にも親しいと言われていた「キングコング」ブルーザー・ブロディが敵役として登場する。ブロディの顔は特徴があり、どう描いても似せることができたし、また時代が進むにつれハンセンも髭をたくわえた連載当時の風貌になった。漫画的な絵だったファンクス時代よりも相当、リアルな画風に変わりつつあったのが自分でも感じられた。

激闘を経て、今度は米マット界でタッグを組むことになったハンセンとブロディ。そこで「黒い魔神」ボボ・ブラジル、「大熊猫」ベアキャット・ライトのコンビと闘うことになる。最初に出てきたブラジルは、トーンを使わずペンだけでその「黒さ」を強調した。当時トーンは1枚800円ほどする高級品で、ふんだんに使うことができないものだったため、使った切れ端を最大限に活用したり、面積が足りないときには使わないで済ますという節約術を駆使していた。

デジタル技術が進化したいま、画面上でいくらでも多種多様なトーンを貼りつけられる時代になっているが、当時のアナログな味わいはいまでも捨てがたいものがある。

試合は最後、ハンセンのラリアットをブラジルがヘッドバットで受けるというシーンを2頁の見開きで描いた。『列伝』は長いストーリーを20頁のなかに収めるのにいつも苦労したが、なかに大ゴマが入っているのは「快調の証」でもある。

## 梶原先生からの直電話

　ハンセン編が終了し、ブッチャー編に移行する前、編集者から初めて作品に関するリクエストがあった。

「選手の顔はそっくりがいいよ。できるだけ似せて描いてもらいたい」

　従来のプロレス漫画は、登場選手こそ本人になっていても、かなりのデフォルメがほどこされているものがほとんどだった。風貌もそっくりに描くということは、よりリアリティ重視の路線に舵を切ることになるが、ハンセン、ブロディ、あるいはルー・テーズといった選手たちをそっくりに描いたことで、編集部でも何らかの好感触があったのだろう。

「似せてくれ」という指令は、その後も繰り返され、逆に言うとそれ以外の要望は一切なかった。そっくりの外国人選手を実名で登場させて大丈夫なのだろうかと思ったりもしたが、結果的に大丈夫だったのだから、大らかでいい時代だった。

　ひと口に「似せる」とはいっても、実際には写真をトレースするように描けばいいというものではない。いまでこそ、さまざまなツールがあってまるで写真のような絵を再現することもできるそうだが、やはりそこには「特徴をつかむ」というアナログな能力が求められるのである。

漫画家になる前、アルバイトをしていた時代によく、街の喫茶店などに貼るポスターを描く仕事をした。ジェームス・ディーンやエルヴィス・プレスリーなど、実際のスターそっくりの顔を描くのだが、「似ているね」と感じてもらうためには必ず何かを強調しなければならない。その「何か」は人それぞれ違うのだが、単なる模写になってはいけないところが難しい。

僕がこのブッチャー編でよく覚えていることは、ストーリーの最後のほうにさしかかったとき、梶原先生から仕事場に電話をいただいたことである。

連載が始まってからというもの、梶原先生と直接話すことはなく、これが初めての会話だった。何を言われるのかと、思わず電話口で身構えたが梶原先生は短くこう言った。

「原田君、いいよ。その調子でやってくれ」

それまで、自分の作画がどう思われているのか一切分からなかったが、その一言で僕は本当に救われたような気がした。

## 「ガマ・オテナ先生」を探して

ブッチャーといえば、プロレス界でもっとも成功した悪役選手の一人だが、憎悪を一身に浴びる「悪役」として描くのが難しい選手でもあった。

まず、目が可愛らしい。また日本では清涼飲料のCMに出演するなど、憎めないキャラクターとしても認知されており、そのお茶目な性格は河口仁先生の『愛しのボッチャー』で描かれているイメージそのものだった。

梶原先生がブッチャーの人間ドラマをどう描くのか。僕は「最初の読者」として楽しみにしていたし、空手を通じた交流も知られていただけに、知られざる一面が明かされるのではないかという興味もあった。

第1話ではジャイアント馬場が実質的に初登場し、作品のなかではあるが「BI砲」の復活が実現した。当時のプロレス界の状況を考えると実は凄いことだったと思うのだが、これも梶原先生という「聖域」なしには実現しなかったはずだ。

ブッチャーはつきまとう記者に対し「100万エンもってくるか、きえな!!」と追い払うのだが、このあたりはいかにも言いそうなセリフで、作品の独自性が深まっている感触が如実に感じられた。

梶原先生自身が作品に登場するのもブッチャー編が最初である。

**〈こんなブッチャーがただ昼食をおごっただけで、わたし〈梶原一騎〉にしみじみ2時間も波乱の半生を語ってくれた。場所は東京・六本木のステーキ・ハウス!〉**

**〈地獄突きはいかにして生まれたか⁉ すなわち、それはアブドーラ・ザ・ブッチャーのな**

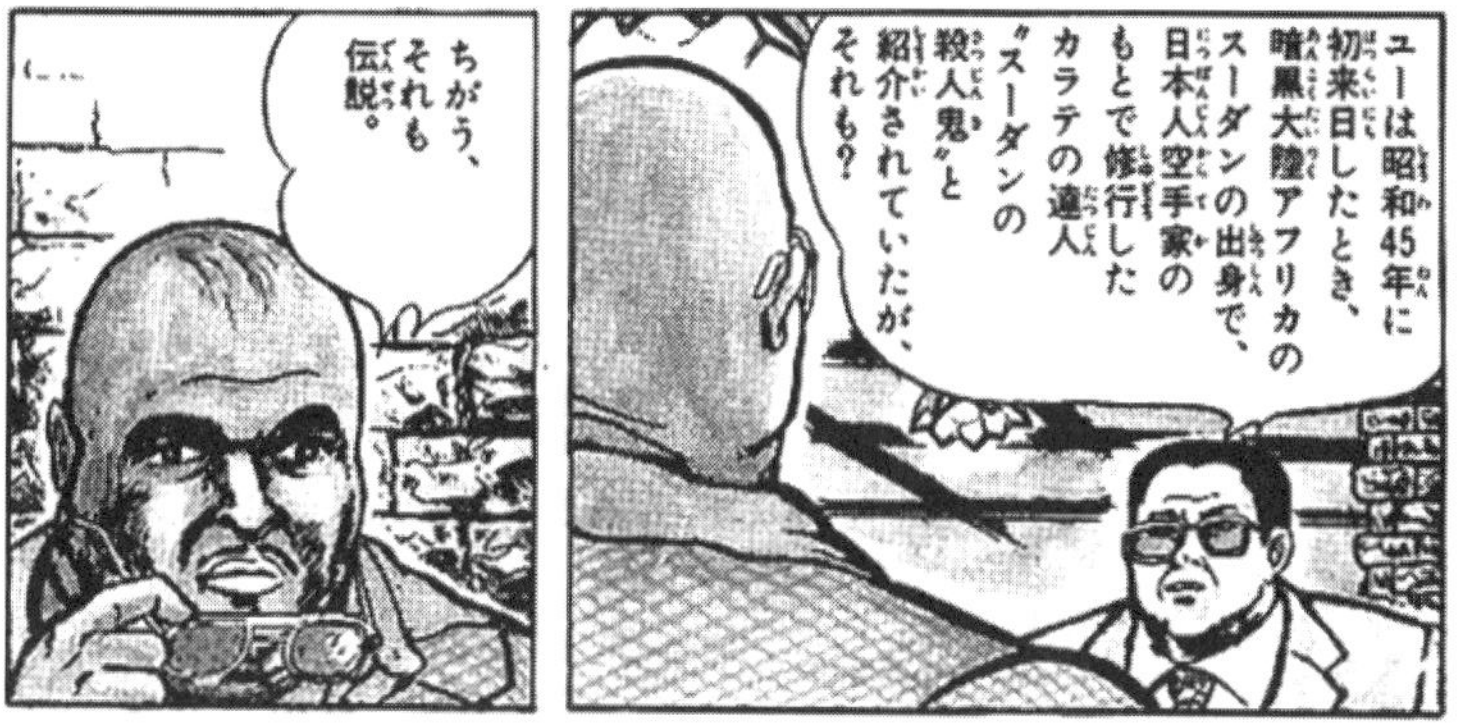

原作者・梶原一騎に生い立ちを語るブッチャー

**その部分の多い半生をうちあけることにもなった！〉**

漫画とはいえ、期待しないわけにはいかない展開である。そしてブッチャーは次のように語り出す。

**〈ミスター・カジワラ、われわれプロレスラーにとっては、ミステリアス（なぞ）な部分も魅力の一つだ。だからわたしについての伝説や作り話もそのままにしてきた。〉**

とても小学生向けの漫画とは思えない切り込みである。プロレスのファンタジーをこれでもかとばかり拡張する一方で、「作り話」の存在を認め、真実を語る。変幻自在の梶原ワールドに、僕は完全に飲み込まれていた。

もっとも「それは作り話だ。真実を語ろう」という前提で始まったブッチャーの話が、また作り話だったりすることがあるので、ブッチャー編の虚実は二重三重のヴェールに包まれていた。
ブッチャーの語る生い立ちが修行時代にさしかかったとき、シンガポールの空手の達人、「ガマ・オテナ」が登場した。この達人についてはいろいろ資料を探したが発見できなかったため、当時日本で公開されていたカンフー映画の資料を取り寄せ、想像で描き切った。真実なのか、そうでないのか、半信半疑で仕事に取りかかるわけだが、たとえフェイクであったとしても描き手は真剣勝負。それは「プロレス」そのものだった。

## 中華鍋で熱した小石に〝地獄突き〟

**〈このシンガポールに住み、少林拳、香港拳法、カラテとも達人といわれるガマ・オテナは日本のカラテ王である大山倍達とも20年来の親友であり――門下生には、レスラーやコンフー映画スターも多く3千人をこえ、さっそくゼーラス・アマーラもその一員にくわわった!!〉**

「ゼーラス・アマーラ」とは、無名時代のブッチャーのリングネームである。大山倍達とも親友であるとの触れ込みだが、ガマ・オテナ先生に関する資料はどこにも確認できない。原稿には自信に満ちた筆跡で「ガマ・オテナ先生」と書いてあるのだが、とりあえず当時流行していたブルース・リーの『燃えよドラゴン』と、空手の達人のイメージを融合させたオテナ先生を考案した。

必死に空手の特訓に励むブッチャー。それを見たオテナ先生は、コンクリートブロックで造った土台に中華鍋を乗せ、中に小石を入れて火を起こす。ブッチャーは不安げだ。

## 〈ライスをいためればチャーハンだが……小石をいためてどうする気だろ？〉

目の前で始まったのは、オテナ先生の「熱石突き」と呼ばれる空手のパフォーマンスだった。熱した石を突いても、スピードさえあれば克服できるというもので、70年代に梶原先生によって製作された『地上最強のカラテ』という映画のなかでも、同じシーンが登場する。これも梶原先生の「引き出し」のひとつだったのだろう。

本当にブッチャーが「ザクッザクッ」と中華鍋に貫手《ぬきて》を繰り出していたかどうかは分からないのだが、相当な頁を割いてこのシーンを描いただけに、当時の少年ファンにブッチャーの空手技の凄みを伝える効果はあったと思う。

このオテナ先生が実在したかどうか。これも何度となく聞かれたが、結論から言えばいなかったと思う。後に詳しいファンがいろいろ調べて、結局確認できなかったそうだから、おそらくそうなのだろう。ただ、当時の僕としては、ハンセンのドラム缶と違って「真実の可能性」を意識しながら描く必要があった。未知の人物が登場してきたときには、独特の緊張感があったのを覚えている。

ブッチャーは『列伝』に登場する外国人選手のなかで、梶原先生と個人的に通じていた唯一の外国人選手だったと思う。僕が見たところ、ブッチャーが親密だったのは、当時梶原先生の周辺にいたユセフ・トルコさんだったが、ブッチャーという選手は見かけによらずプライベートの人づきあいが良いとも聞いていた。ブッチャー編の内容がそれまで以上に深くなったのは当然のことだったかもしれない。

## 反響のあった意外な「隠れキャラ」

ブッチャーは毎月のようにプロレス雑誌に登場していたため、資料も集めやすく、描くのは楽しかった。僕をアシストしてくれたのは、当時小学館でプロレスカメラマンをしていた木村盛綱さんである。

力道山時代からプロレスを撮っている木村さんは、現場でも長老格の扱いを受けており、僕にいろいろ写真を貸してくれたほか、試合会場でも選手を紹介してくれた。禿げ頭がトレードマークだった木村さんを漫画のなかに登場させたところ、「いつもリングサイドにいるカメラマンが漫画のなかに出てきている！」という反響があったと聞かされたことがある。当時の少年ファンは恐ろしいほど漫画を読み込んでおり、迂闊な絵は描けないなと痛感した。

ブッチャー編で重要な登場人物は「アラビアの怪人」ザ・シークだった。リングでは凶悪コンビを組んでいた2人だったが、梶原先生はブッチャーの格を上げるため、シークを徹底的に利用している。

シーク得意の火炎殺法を見ても、ブッチャーは静かにそのカラクリを暴露するのだ。

**〈チェッ……なんだ、あんな炎をふくトリックなんて奇術師なら誰でもやるこった。あらかじめ口のなかにふくんでおいたガソリンを霧のようにふきつけながら、かくしもった小型ライターで火をつけるだけじゃねえか！〉**

トリックの種明かしをしてしまうとは、かなり踏み込んだ内容にも感じられたが、少年ファンのなかにはこれを読んで「そうだったのか」と驚いた人も少なからずいたと思う。要所でリアルを挿入することで、物語の全体を真実に見せてしまう梶原先生の絶妙なテクニックは冴えわたっていた。

ザ・シークの理不尽な指令に愛想を尽かしたブッチャーは、ついに決別の地獄突きをお見舞いし、流浪の旅に出る。

1ドルのハンバーグではなく、30ドルのステーキにありつくため、「生傷男」ディック・ザ・

ブルーザーにも挑戦。日本プロレス時代の馬場、猪木とも互角の試合を繰り広げた。ブッチャーは初来日（1970年）したとき、ブ厚い電話帳（東京23区）を破る怪力パフォーマンスを演じている。このときの写真を扉絵にしたとき、ブッチャーの純粋なパワーとはどれほどのものなのか、ちょっと気になったことがあった。

後に聞いたところによれば、この電話帳破りにはトリックがあり、コツさえマスターすれば、普通の筋力しかない一般の男性でも破ることは可能なのだという。ブッチャーがそのテクニックをマスターしていたことには驚きだったが、とにかくブッチャーは絵になる選手だった。

## 砕け散った日本人形

『列伝』のなかで、ブッチャーは悲惨な幼少期を過ごした設定になっている。父親は蒸発し、アルコール中毒だった母親は早くに他界——その貧困から抜け出すべくプロレスラーになったという物語だ。

初の日本遠征で成功をおさめたブッチャーは、愛する妻子の待つシカゴの古アパートに帰ってくる。ブッチャーの手にはガラスのケースに入った日本人形があった。僕の記憶では、この日本人形は自分のアイディアでブッチャーに持たせたと思う。

妻の蒸発を知り絶望するブッチャー

ブッチャーの妻は他に好きな男ができたため、すでに家を出てしまっていた。我が息子にその事実を告げられ、衝撃を受けるブッチャーの心象風景を描くには、人形とガラスの箱が粉々に砕け散るシーンが必要と考え、あえて日本人形にしたのだ。

ブッチャーは、涙を流す息子エザードを抱きしめ、こう決意する。

**〈エザード……そ、それでもパパはかわいそうなんかじゃないッ！　同情などするな！　同情されるくらいなら憎まれろ！　それが男だ！　この悲しみはもっとパパをレスラーとして強くするッ！　かならず!!〉**

悲劇を原動力にして、さらにヒール道に磨きをかけるブッチャー。「鉄の爪」フリッツ・フォン・エリックとの対決に進み、このあたりから梶原節は全開となる。

**〈事実、リンゴを一瞬にジュースにかえて、軟式ボールをパンクさせるフリッツ・フォン・エリックの鉄のツメに頭をしめあげられたため脳波がくるったレスラーは5人をこえる!!〉**

5人以上ものレスラーの「脳波を破壊」したという、必殺のアイアンクロー攻撃をまともに受けてしまったブッチャーだが、何とか反撃に転じ試合に引き分けた。そのガッツを高く評価したエリックは、「お化けカボチャ」と呼ばれたヘイスタック・カルホーンとの金網デスマッチをプロモートするが、ブッチャーはここでも逆転の地獄突きで勝利する。

275キロのカルホーンに腹部をストンピングされたブッチャーは「ホゲ〰〰ッ!」ともがき苦しむが、この断末魔の叫びは列伝のいたるところで多用され、ファンの間で有名なフレーズとなっているそうだ。

ノドや腹への強烈な攻撃が決まるときによくこれが出てきた印象があるのだが、「ホゲッ」「ホ……ゲッ」などいろいろなパターンがあり、地獄突きが多いブッチャー編では多用されていた。梶原先生の手書き原稿は、強調部分が太字あるいは濃くなっているのだが、「ホゲー!」系はおおむね大きく、太い文字になっていた。その意図を汲んで、展開によっては写植のセリフではなく書き文字にして処理するなど、僕なりに工夫をこらしたこともある。

いずれにしても、このようなセリフひとつが話題になるということは、それだけ読者が作品を読み込んでくれていたことの証でもあり、梶原先生が生きている間に「これが話題になっているようですよ」と伝えたかった気がする。

## 列伝名物「死のバトルロイヤル」

ブッチャー編の最後の難関は、ザ・シークが仕組んだ「死のバトルロイヤル」だった。一度は仲間割れしたブッチャーと再びタッグを組んだシークは、過去の恨みを水に流したフリをして、契約が切れる直前にブッチャーへの復讐を敢行。15人が出場するバトルロイヤルで、ブッチャーを集団攻撃する罠を仕組んでいた。

バトルロイヤルと言えば、通常はコミカルに展開していくことの多い興行の余興だが、梶原先生の手にかかるとこんな具合だ。

**〈バトルロイヤル!!　いうまでもなく大勢のレスラーが一時にリングにあがり敵も味方もなく相手かまわず戦い、フォールしたりリングからほうりだしたり……最後に残った1名が優**

**勝者となる試合方法だが、これぞシークの復讐のワナだった！〉**

バトルロイヤルで主人公がリンチを受けるというシーンは、何度となく『列伝』のなかに出てくるのだが、ブッチャーの場合には「背中の上に全員を乗せる」という無理難題が原作にあり、肉団子のようになった選手たちを何とかブッチャーの背中の上に描いたが、これは技術的にハードルが高かった。

背景やリングはアシスタントに任せることができたが、原則、選手はすべて自分で描かなければならない。「死のバトルロイヤル」とはブッチャーだけでなく、僕にも当てはまる言葉だったのである。

ブッチャーは最後に、悪役人気を不思議がる記者に対しこう語っている。

**〈ファンはなッ、そんなふうにゴチャゴチャ説明をもとめたりはせんが、ちゃんとわかってくれてるんだ！　悪役というビジネスにどんなにおれが一生懸命かを!!〉**

リングの上で悪役を演じているのは「ビジネス」であるということを明言するブッチャー。これは『列伝』がそれまでのプロレス漫画と本質的に一線を画すものであったことを、象徴するシーンだったと思う。

「死のバトルロイヤル」に苦しむブッチャー

たとえ読者が小中学生であったとしても、プロレスというショービジネスの「本質」はしっかりと理解することができる——ブッチャー編は、梶原イズムが凝縮された良い仕上がりになった気がした。編集部も、コミックスの第1巻をザ・ファンクス、ハンセンではなくブッチャーとすることを決めた。『列伝』が軌道に乗り始めた感触が確かにあった。

第4章

# 「ウラウナ火山」を探して

## アンドレ・ザ・ジャイアント
## ミル・マスカラス

## コミックスの印税額で分かった「大反響」

『列伝』のコミックス第1巻、アブドーラ・ザ・ブッチャー編の初版が刊行された後、結婚したばかりのカミさんが妙なことを言ってきた。

「銀行の口座に、心当たりのない金額が入ってるわよ」

どうも、大きな金額が振り込まれていたようだ。その前にいちど、別の「原田さん」という作家に払われるギャラが、間違って僕に振り込まれるということがあり、小学館から返金を求められる騒動があった。また同じような事故じゃないかとカミさんは警戒していたのだが、確認したところ今度はミスではなかった。

僕の記憶では『列伝』のコミックスは定価340円で、初版は2万部だったが、すぐに増刷がかかったとも聞いていた。印税の枠は10％で、梶原先生が6％、僕が4％。他の漫画家さんがどのような契約になっていたのかは分からないが、そこから数十万円単位で定期的に支払いがあり、僕は初めて具体的な形で『列伝』の反響を感じることになった。

『列伝』の原稿料は当初、1枚7000円だった。20頁で14万円になる計算で、それが毎週だから、月にすると約56万円だ。

まだ大卒の初任給が12万円くらいの時代だったから、かなりいい仕事のようにも見えるが、実際に仕事をしてみるとそれほど余裕はない。

仕事場の家賃、自宅の家賃、それぞれの光熱費。アシスタントには毎月1人10万円の給料を払い、その他に仕事場における彼らの食事などもすべて負担しなくてはならない。また、当時はリースのコピー機もあったし、トーンや漫画用の原稿用紙、それにプロレスに関するさまざまな資料などもすべて自腹で購入していたから、そうした仕事上の経費もバカにならなかった。

当然ながら、会社員のようにボーナスがあるわけではないから、毎月の手取りが50万円くらいあったとしても、そのなかですべてやりくりしなくてはならない。「漫画家は、コミックスが売れて初めて成り立つ職業」というのは本当だと思った。

ただブッチャー編が思いのほか売れていることが分かって、僕は毎週の原稿料を心置きなく使えるようになり、アシスタントも増員した。

僕がまだ作品の売り込みをしていたころ、ある出版社に呼ばれ、「漫画家さんの手伝いをしないか」と持ちかけられたことがあった。

それも勉強になるかと思い出版社に足を運ぶと、僕と同じようなたくさんの漫画家希望者が大部屋に集められており、そこでは全員が机に向かって朝から晩まで、背景を描いたり命じられた雑用をこなしたりしていた。

食事の時間になると、出版社の編集者が人数分の出前を取ってくれるのだが、なぜか誰も食事に手をつけない。ラーメンのいい匂いが漂ってくるにもかかわらず、頑としてそれには手をつけずに空腹に耐えながら作業を続けるのだ。

当時の漫画界はいわゆる「体育会系」で、極限までストイックに、修行僧のように作業をこなすことが美徳とされていた。そこにいた漫画家の卵たちは、「ラーメンやカツ丼を平然と食うような奴は、編集者の心証を悪くするに違いない」と思い込んでおり、自分の未来のためにやせ我慢をしているように見えた。

だが、僕はそのあたり合理的な考えを持っていて、「メシを食わなきゃ、いいものも描けないでしょう」と思っていた。だから、評価が下がってもいいと思って出前のラーメンをありがたくいただいていたが、それがいけなかったのか、単に実力がなかったのか、その出版社からは呼ばれなくなった。

そんな納得のいかない経験があったため、少なくとも僕はアシスタントに理不尽な節制生活を求めなかったし、きちんと食わないような奴はむしろ採用しなかった。睡眠時間にしても、締め切りが迫ってきたら徹夜が当たり前だった当時、集中力を維持するために仮眠をとることをすすめたし、僕自身も締め切りの前日以外はしっかり寝た。もちろん、仮眠といっても押し入れを改造したカイコ棚で寝ることになるのだが。

「ちょっといまから寝る。6時間したら再開するから」

そう宣言しても、結局は8時間ぐらい寝てしまうというのが定番ムーブだったが、何とか作品は仕上がっていた。『ゲゲゲの鬼太郎』の水木しげる先生が睡眠の重要性を説いたのは有名な話だが、昭和の時代は「寝ないで描く」人が称賛されていたのは確かだったと思う。ただ、それで体を壊してしまった漫画家がたくさんいることもまた確かなのだ。

## 4日間ですべてを完成させる

当時の仕事ぶりについて、もう少し書いておきたい。

仕事場は渋谷区の幡ヶ谷（後に笹塚に移転した）にあって、昔ながらの商店街のある、生活しやすい場所だった。毎晩食べた「古丹餃子」は思い出の店だ。

『サンデー』は毎週水曜日発売だったが、編集部に完成原稿を渡すのがだいたい前の週の金曜日夜。梶原先生の原稿は火曜日に届けられるので、火曜日から金曜日まで、4日間ですべてを終わらせなくてはいけなかった。

編集者から原作のコピーを受け取ると、すぐにネームに取りかかる。これには最低でも数時間かかるから、アシスタントにはまだ待機してもらう。

ネームが完成すると、リングや背景など、時間のかかりそうなところからアシに進めてもらい、同時進行でペン入れをしていく。最後はトーンの削りやホワイトで仕上げていくが、締め切り前の30時間ぐらいはどうしても寝る時間がなく、一晩は徹夜になった。

時間に追われる仕事をしたことがある人なら分かると思うのだが、仕事が終わった瞬間は、体は疲れ切っていても脳が興奮しており、テンションが高くなっている。すぐに眠ることはできないので、編集者に原稿を渡すと、アシスタントと一緒にそのままボウリングに行って酒を飲み、燃え尽きたところでやっと眠りに落ちるのだった。

当時のアシスタントは最大時で3人。全員が僕と同世代の若いスタッフで、うち1人はかなりマニアなプロレスファンだった。僕自身、本格的なアシスタント経験がなかったため、彼らには本当に助けられた。

現在の事情は分からないが、当時の業界には、大御所や売れっ子漫画家のもとを渡り歩く「プロ・アシスタント」が存在した。自分で漫画家デビューすることは決してないが、ギャラは必ずもらえるので生活そのものは安定する。僕のところにも何人か売り込みはあったが、そういう人は採用しなかった。彼らの生き方を否定するつもりはなかったが、自分の夢を持って仕事に取り組む若い人でないと、僕とは性格的に合わないだろうという予感があったからだ。

梶原先生の原稿が火曜日に来るので、それまでは何もできない。つまり週のうち土、日、月の3日間は自由時間だったため、体力的には問題がなかった。『サンデー』の編集者は、僕によくこんなことを言った。

「原田君は恵まれてるよ。梶原先生の場合、他はもっと遅いよ。ウチがいちばん早く原稿

1982年
東京・笹塚
今回登場する外国人選手の顔とコスチューム探しといてくれ！
今回6人も出てくる……多いっすね！
試合会場は体育館だから外観と観客席先にペン入れしといて！時間がもったいないからさ……
ウイッス！
観客《ガヤ》のファッションも当時のフンイキ出しといてよ！
その間に原作を組み立てるから……
パラ
パラ
パラ…
あの……自分は何を？
もう少し待っててくれコマ割り終えたら背景の山が行くから！
それじゃコーヒーでも入れますか
頼む！
3日後には原稿渡しだ気合い入れてくぞーッ！

をもらえるんだから、感謝しなきゃ」

正直、「これで一番早いのかよ」と他の漫画家さんには同情したが、後になっていろいろな話を聞くにつけ、梶原先生の原作原稿の到着が遅かったのは事実のようだった。

『列伝』の仕事を通じて感じたのは、梶原先生は調子がいいとき、作品に勢いがあるときには原稿の仕上がりが早いということだった。クリエイターの間では「会心の作品が仕上がるときにはすらすらと作業が進み、生みの苦しみを感じない」とよく言われる。梶原先生にもそうした傾向は間違いなくあったと思う。

## 「木こり伝説」のリアリティ

ブッチャー編の次に登場したのは、「大巨人」アンドレ・ザ・ジャイアントである。

当時、新日本のリングでは圧倒的な存在感を見せていたアンドレだが、僕は最後までこの選手をうまく描き切れなかったという印象が強い。

独特のアフロヘアがトレードマークのアンドレは、一見描きやすそうにも見えるのだが、その顔は彫りが深いため、写真で見ると目の部分が落ちくぼんでいて、細かいところが見えにくい。つまり目が描きにくいのだ。いまでこそさまざまな写真資料が出回っているが、当時のアンドレが日本の雑誌のインタビューに登場することはなかったし、もちろんプライベートの写真は皆無で、材料が豊富とは言えなかった。

「似せて描く」という方針を打ち出していたものの、試合の写真だけでは表情をとらえにくかったのも事実で、もう少し人間味のある描き方ができなかったのかとの思いがいまも残っているのである。

アンドレ編の冒頭で、キー・ロックをかけた猪木をアンドレがそのまま担ぎ上げる有名なシーンが出てくる。こうした試合の描写は原作にもきちんと指定があり、そのなかでどこをクローズアップするか、その強弱は描き手に任されていた。

そのころの僕は、読者が作品を相当しっかり読んでいるという認識を持つようになっていたため、試合におけるお約束の見せ場などをしっかり再現することで、ストーリーにリアル感を持たせる必要があると感じていた。ビデオを導入して、試合を見なければいけないと思い始めたのもこの頃である。

アンドレ編で、あまりに有名になってしまったのが「木こり伝説」だ。

何と、アンドレはもともとフランスの木こりだったというのだが、これに関しては読者から「僕は当時小学生でしたが、さすがに嘘だろうと思いました」と告白されたこともある。僕自身は、恥ずかしながら「へぇ〜!　木こりだったのか」と疑いもせず描いていた。小学生より漫画家の方が純粋だったというわけだ。

第2話で、フランスのカンタブリカ山中を1台の車が走るシーンがある。フランスだか

「木こり出身」として描かれたアンドレ

ら、車種はシトロエンにすべきかとも思ったが、いまひとつ馴染まなかったのでクラシックなベンツにした。

後部座席に座るパリの旦那が、窓の外の倒れる木を見ながらこうつぶやく。

**〈ホー、木こりが仕事をしとるね。それも、かなり大勢のようだな。あれほど、つぎつぎ大木がたおれるところをみると……〉**

このとき山中の大木を、一人でなぎ倒していたのが他ならぬアンドレだった。僕はごく自然に木こりのギミックを信じてしまったが、アメリカには西部開拓時代の巨人木こり「ポール・バニヤン」の伝説があり、何となく「山奥＝大巨人＝木こり」という図式が刷り込まれていたのかもしれない。
木こりの話では、猪木までこう語る。

**〈わたしの基礎体力もブラジルで重いコーヒーの実の袋を運ぶ重労働でつくられたが……昔から、木こり出身の名レスラーが多いのは、やはり腕、足、腰と全身を使い、きたえられるせいだ。〉**

これだけ念を押されたら、誰でも「そうなのか」と思うだろう。それにしても、それ以前にアンドレが木こりだったという説が流布していた記憶はなく、梶原先生がどこからこの話を持ち出したのかはいまもって謎である。

## 輝く光は暗闇のなかから生まれる

ザ・ファンクス編の冒頭で、猪木の長いセリフがあり、それに戸惑ったことを書いた。当時、僕は子どもたちにとって長ゼリフはハードルが高いのではないかと思ったのだが、連載を進めるうちに、そうした心配は無用だということが分かってきた。
昔と違って子どもが全体的に賢くなっているのか、セリフを読み飛ばすどころか、食い入るようにしっかり読んで、細部の情報まで拾っている。僕らが子どもの頃とは、もはやレベルが違うのである。

コミックスが発売された後、『列伝』の内容はさらに広まった。毎週『サンデー』を読むことはないが、コミックスだけは買う、あるいは書店で立ち読みするという読者もかなりいた模様で、どんな情報でも知りたがるプロレスファンのマニアな情熱に驚かされたことは一度や二度ではない。

たとえばリング下のセコンドに、雑誌で見た名もなき若手選手の似顔絵を試しに入れてみたりすると、それを目ざとく発見してプロレス雑誌に「報告」するようなファンがいた。「よく見てるよなあ」といつも感心していたものだ。

当時のプロレス中継の視聴率は常時20％近い数字だったと記憶しているし、小学生の人口がちょうどピーク期を迎えていたから、数百万人のプロレス少年が『列伝』を待っていたことになる。

これもミスター高橋さんの話だが、当時の新日本プロレスの合宿所にも誰かが買ってきた『列伝』のコミックスが置いてあり、若手選手たちはそれを愛読し、「本当かよ」と内容に突っ込みを入れていたという。ちなみに長州力の愛読漫画はちばてつや先生の『のたり松太郎』で、入門当初は先輩選手から「松！」と呼ばれていたと聞いた。

アンドレに関しては、6話で終わったために『列伝』のなかでは印象が薄かった感が否めない。個人的には1981年9月の東京・田園コロシアムにおけるスタン・ハンセン戦、あるいは連載が終了した後の、猪木が初めてアンドレからギブアップを奪った1986年6月の愛知県体育館における一戦など、後年の試合のほうが、日本のファンにとってはドラマチックで印象的だったと思う。

ファンの間では伝説となっている、前田日明とのシュートマッチ（1986年4月、三重県津市体育館）もあった。もし梶原先生が原作を書いていたらどんな内容になっていたのかと思うのだが、おそらく酒浸りになっていたとされる晩年のアンドレの悲しみを、大胆に描いただろう。

梶原先生は、屈折や醜聞のない人間を好まない人だった。「輝く光は暗闇のなかから生まれる」というのが持論で、人物描写にあたっては、その光と影のコントラストを常に意識していたように思う。その意味でアンドレは梶原先生好みの選手であったと思うし、もう少し連載が後の時代であったならば、より奥行きのあるストーリーが生まれていたかもしれない。

梶原先生が亡くなってから6年後、アンドレも世を去った。時代を早足で駆け抜けた2人はいまごろ、天国で豪快な「飲み比べ」をしているに違いない。

## 再現を断念した「吊り天井固め」

『列伝』全編を通じて最難関だった選手が「仮面貴族」ミル・マスカラスである。凝ったデザインの覆面と衣装、ルチャ・リブレ特有の関節技、マスクマンだらけのストーリー、流血試合やマスクが破れたシーンを描くときの難易度の高さ、「謎の鉱泉」の存在など、マスカラス編にはそれまで経験したことのない労力を費やした。

マスカラスにとって、その覆面は素顔である。本編が始まって、僕は覆面選手を描く難しさを初めて知った。

まず、多彩な覆面のデザインがさまざまな角度からどのように見えるのか、研究しなくてはならない。実物のマスクは入手できなかったため、手鏡を用意して写真を様々な角度から映し、表現を練習した。

覆面レスラーの表情は基本的に、目だけで表現しなければならない。当時、マスカラスの素顔写真というものは持ち合わせておらず、正体そのものがはっきりしていなかった。本当の顔を知らずにマスク越しの顔だけを見て描くというのは、意外に難しいものだ。

個人的に、マスカラスはなかなかの美男子という印象を抱いていたが、後になって「これが本人だ」という写真を見せられたとき、それまで勝手に抱いていたイメージと、当たらずとも遠からずという気がしたことを覚えている。

マスカラスを描くのがいかに難しいか、こんな話がある。『プロレス・スターウォーズ』で知られる、みのもけんじ先生と話していたときのことだ。

「原田さん、マスカラスって難しいと思わないですか？」

「いやあ、苦労しましたよ。先生はどうですか」

「ウン、だから『列伝』を真似した」

もちろんこれは冗談だったと思うが、それくらい難しいのだ。

ルチャ・リブレの技はたいがい複雑だが、とりわけやっかいだったのが「吊り天井固め」（ロメロ・スペシャル）だった。

試合における見せ場のひとつだけに、雑誌にも写真が掲載されるのだが、漫画で描く場合には表情を入れないといけないため、たいてい角度的によろしくない。かといって、あの技を上から撮るのは不可能なので写真もなく、想像力も必要になってくる。

足のフックをどう描けばいいのかどうしても分からず、仕事場でアシスタントに「実践」してもらおうとしたが、完成形に持っていく前段、かけられる側がうつ伏せ状態になっている時点で痛みに耐えられず、失敗に終わった。吊り天井は、かけられる側にも体勢を維持する筋力が必要で、素人が簡単に実演できる技でないことはよく分かった。

「やっぱりプロレスラーってスゲエんだな……」

こんな形で、僕らはレスラーの凄みを知ったのである。

マスカラスがキラー・カール・コックスに4の字固めをかけられたとき、反転して切り返すシーンもあった。だが、このときも写真がなく、これは吊り天井より難易度は低かったため、スタッフに再現してもらった。想像だけでリバースした4の字固めを描ける人はそういないと思うのだが、このとき学んだことがある。

それは「4の字固めは裏返っても、基本的にはかけられているほうが痛い」ということだ。リングで戦う選手たちと同じように、漫画家にも苦難の戦いがあったのである。

## マダコ攻撃を描くため生物図鑑を購入

第2話に登場するのは「聖人」エル・サントだった。日本では名前こそ知られていたが、本人が来日したことはないとされ、僕も動いている姿を見た記憶はなかった。

「エル・サント……そもそも実在する選手だっけ？」

そのくらいの認識だったと記憶している。

当然、これといった写真も入手できなかったため、覆面のデザインは想像で考案した。

ただ、伝説上のレスラーを扱うのは梶原先生の最も得意とするところである。

**〈こうしてメキシコ指折りの「ナゾの億万長者」でもあるエル・サントだが、ふだんは人間ぎらいといわれ人里はなれた荒野のまっただ中に「聖者の館」とよばれる城をたててすんでいた。が、少年ファンだけは好きでたずねてくれば歓迎し、レスリングも教えた！〉**

「荒野のまっただ中」にあるサントの邸宅の写真があるはずもなく、ここから先を絵にするのはすべて僕の仕事である。神殿風の建物にダビデ像の彫刻を配置し、「聖者」のイメージを膨らませた。

猪木はエル・サントについてこう語る。

**〈わが新日本プロレスのオフィスにある記録を調べると、この聖者エル・サントというメキシコ・マット界の「幻の帝王」は、ほとんど国外では試合をしていない。映画スター兼業で、そのひまも必要もなかったのだろうが、しかし……一度だけメキシコとアメリカの国境の町エルパソで、NWA世界チャンピオン時代の「鉄人」ルー・テーズと対決、60分フル・タイムを戦い、ひきわけている!!　底しれず強かったのは事実だ！〉**

新日本プロレスのオフィスに、世界のあらゆる団体の試合結果データベースがあったとは思えない。世界どころか、新日本の試合結果記録すら存在していたかも怪しいのだが、エルパソといった具体的な地名が出てくると、ルー・テーズと試合をしたのは事実かもしれないという気もしてくるから不思議だ。

マスカラス編における屈指の衝撃は、映画に出演したマスカラスの記者会見で、日ごろはプロレスを取材しない女性芸能記者が、突然「あなたの本名はアレン・ロドリゲスというんでしょ？」と質問する場面だ。

この話も僕のなかでは真偽不明だったのだが、ずっと後になって詳しい人に聞いたところ、驚くことにロドリゲスという名前は間違いなくマスカラスの本名だという。これが『列伝』の怖いところで、「こんなのウソだろう」と決めてかかると、ときどき大きな落とし穴が待ち構えているのだ。

いずれにせよ、こんなところでこっそりスクープを放っていた梶原先生の情報力には驚かされるが、当時のプロレス誌や東スポが同じことをしていたら大問題になっていたかもしれない。

メキシコから米マットに乗り込んだマスカラスを迎え撃つ、サモア人のマイアバという選手については、完全に想像で描いた。しかもこの選手は面倒な特技が多く、コーラ瓶を歯で噛み砕くのはいいとして、生きたタコを利用した奇襲戦法を使うという。何とかマスカラスの顔面にマダコをくっつけたが、プロレス漫画を描くのに生物図鑑を買う羽目になるとは思わなかった。

マイアバの「タコ攻撃」を受けるマスカラス

原作によれば、「日本人とは違って欧米人はタコを悪魔の使いとして忌み嫌う。だからタコ攻撃が有効」というのだが、メキシコ人もそうなのだろうか。いまでも分からない。

## デストロイヤーとの死闘

マスカラス編では「覆面レスラー世界一」としての意地をかけ、ザ・デストロイヤーとの死闘も描かれる。マスカラスに比べると、デストロイヤーは素顔の露出部分が多く、マスクも白地なので少し楽だった。

マスカラスはデストロイヤーの必殺技、４の字固めを徹底的に研究するため、あえてさまざまな選手の４

の字固めを受けるのだが、それを見ていたマスカラスファンの少年たちから「素朴な疑問」を投げかけられる場面がある。

**〈あなたのようにスピーディーな空中殺法の名人がなんで寝技の4の字固めなんかにつかまってしまうの？　信じられないんだ、ぼくたち。〉**

**〈だって三本勝負の一本目は、絶対に4の字固めをかけさせず空中殺法でフォールするのに、二本目はきまって4の字にやられ1対1になり、三本目はまた4の字を許さず時間切れひきわけのケースが多いでしょ。〉**

**〈まるで二本目だけ、わざと4の字をかけさせてるみたいだよ。〉**

これは梶原先生が、読者の少年たちと作品を通じた「対話」を試みたことを感じさせるシーンだった。

当時のプロレスの3本勝負にドロー決着が多かったことは事実で、少年ファンですらワンパターンの展開にはある種の疑念を抱いていた。そうした状況を敏感に読み取った梶原先生は、読者の疑問を逆手に取って物語を展開していくのである。

プロレス界にはこの手の突っ込みが当時からたくさんあった。

プロレスの試合はなぜテレビの放送時間内にきっちり終わるのか。

なぜレフェリーは、試合前にブッチャーの凶器をきちんとチェックしないのか。ロープに振られた相手は、なぜそのまま戻って来るのか。

梶原先生が、そうした少年ファンの潜在意識にまで降りていきながら、彼らの疑問をあえて共有しようとしたのは、単に原作者としての仕事をこなすだけではなく、プロレスの伝道師としての役割を担っているという自負の証だと僕は思っている。

マスカラスとデストロイヤーは何度かシングルマッチを行っているが、作品のなかで描かれた試合は1974年7月25日、全日本プロレスの日大講堂大会で行われた「覆面世界一決定戦」（3本勝負）である。

『列伝』では、デストロイヤーがマスカラスの急所を計画的に狙ったヘッドバットで勝利しているが、実際の試合はマスカラスのジャンプが遅れたために偶然、下腹部にデストロイヤーの頭が当たり、マスカラスが戦闘不能に陥ったらしい。

アクシデントが伝説に書き換えられることはプロレス界でよくあることだが、このときの実際の試合を見ていた少年ファンは少なかったと思われ、ほとんどは「卑怯なデストロイヤー」の姿をそのまま信じていたはずだ。僕も信じていた。

## マスカラスの慈愛に潜む「梶原イズム」

梶原先生の根底にある思想をもっとも強く感じたのは、マスカラスが恵まれないメキシコ系の少年たちを前にしてとった態度である。

試合会場にやってきたマスカラスの前で、チケットを持たずに入場を試みた何人かの少年が警備員に確保され、警察に突き出されそうになっている。泣いて謝る少年たちを、警備員が厳しく叱る。

**〈そうはいくか‼　おまえたちのようなタチの悪いガキはみんな感化院にブチこんでやるぞ‼〉**

感化院とは教護院の古い呼び名で、いまは児童自立支援施設と呼ばれている福祉施設である。梶原先生の代表作『タイガーマスク』を読んでいた人ならば、孤児院の出身だった主人公の伊達直人をすぐに想起させる場面だが、マスカラスはここで慈愛に満ちた人間性を披露する。

**〈さあ、わたしからのプレゼントだ。この20ドルで5ドルのリング・サイドに入り、残りはコーラでもかいたまえ。〉**

80年代の当時ですら相当に時代がかったやりとりにも見えたが、『タイガーマスク』から描かれてきた梶原イズムの一端に触れた僕は、素直にその場面を描くことができた。単なるヒロイズムとは異なり、そこには梶原先生の血肉となった考え方がある。つまり、スーパースターとなる者の条件は「心のありよう」なのだという話である。

梶原先生の原作には、子どもにレベルを合わせようと考え、内容を単純に、平易にするという発想がなかった。難解なストーリーこそないが、プロレスラーの凄さはその肉体と強さのみならず、高貴な精神性にあるのだという考えが、作品のなかに貫かれていたように思う。

## セリフの取り違えでハワイから国際電話

その後、周囲からの妬みを買ったマスカラスは、ブッチャーと同じくバトルロイヤルで集中攻撃を受け、足を骨折する重傷を負ってしまう。ここで登場するのが、かつてマスカラスにひどく痛めつけられ惨敗した「不死身仮面」アズテカだ。

控室にアズテカの姿を見たマスカラスの弟、ドスカラスは「よりによって嫌な奴が来た」と警戒する。ところがアズテカは、杖をついているマスカラスの姿を見て、思わせぶりにこんなことを口走るのだ。

**〈ウラウナ火山の頂上近い西側に、ごくぬるい鉱泉がわいてるが……なぜか、これが魔法のように打身、骨折にはよくきくんだよな。おれは骨折するとすぐでかけたっけよ。オット！昔やられた宿敵に教えちゃソンだ。あばよ！〉**

これまで何人の人に「あの火山は本当にあるんですか？」と聞かれたか分からない。それほど、この秘湯が印象に残った読者が多いのだろう。

僕も当時、世界地図でメキシコの地名を隅々まで調べたが、そのような火山はなく、鉱泉のような観光地も見当たらなかった。週刊誌のスケジュール上、迷っている時間はないので、火山を想像で描くしかない。火山と砂漠と日本の温泉を合体させるようなイメージで、ドスカラスが覆面をしたままジープに乗って現場に向かうという、我ながら不自然な絵になってしまったが、結果的に読者の印象に残ったのであれば、それに越したことはない。

実はこのウラウナ火山を描いた後、僕には重大な問題が降りかかっていた。

掲載された『サンデー』が発売された水曜日から何日か経過してからだったと思う。次

火山の鉱泉でケガを治したマスカラス

号の仕上げに取り組んでいると、担当編集者から電話がかかってきた。

「原田君、ちょっとまずいことになったよ……」

その声は、どんよりというよりも、かすれていた。本当に死にそうな人の声だった。

「ど、どうしたんですか」

「セリフ、間違えたみたいだよ……」

血の気が引いた。原作にあった誰かのセリフを、別人のセリフと取り違えたというのだ。

「それは……どこの部分でしょうか」

何とか聞き返したが、編集者はそれに答えずこう言った。

「原田君、梶原先生はいまハワイにいるんだ。先生から直接、仕事場に電話がいくから、必ず出てくれ。それできちんと説明して欲しいんだ」

おいおい、全部俺のせいかよ――強烈なパンチを受けたような気分で目の前が真っ暗になったが、もう出てしまったものは仕方がない。それにしても、編集部だってセリフの写植を入れるときに確認しているはずじゃないのか。

普段、できあがった掲載誌を読み返すことはないが、今回はもう一度、丁寧に読み返してみた。だが、何度見返してもどこを間違えたのかが分からない。梶原先生の原作には、映画やドラマの脚本のようにセリフの発言者がいちいち書いてあるわけではないから、流れや文脈に沿って、誰のセリフかを見極める必要がある。

とはいえ、2～3人程度しか登場していない場面で、そうそうセリフを間違えるはずもない。だが梶原先生が怒っているなら、どこかを間違えているのだろう。

「これで連載も終わりかもな……」

半ば最悪の事態も覚悟しながら、僕はハワイからの国際電話を待った。

しばらくすると、本当に梶原先生から電話がかかってきた。受話器を取った僕は直立不動で身構えた。

「原田君か？」

「はい。先生、編集部から聞きまして、大変申し訳ありませんでした。セリフを間違えてしまいました」

何があろうとここで言い訳は禁物だ。死刑台に上った僕は、いよいよ床板が開くのを待ったが、そこから意外すぎる展開が待っていた。

「いや……あれでいいんだ」

「えっ？」

「あれでいいよ」

「いいんですか？」

「いいんじゃねえか」

「よ……よかったですッ」

「ま、次もよろしく頼む……じゃあな」

国際電話はあっけなく切れた。一体、何だったのか——ガチャリと受話器を電話機に戻すと、編集部に対する怒りもどこかへ消えうせ、一気に緊張から解放された僕は、しばらく呆然としていた。

『サンデー』編集部は、ごく一部の担当者を除き、大御所の梶原先生を畏怖していた。それは連載が始まる前から感じていたことである。このとき、結局どこが間違いだったのか、それとも間違えてなかったのか、いまだに分からないのだが、梶原先生に「何か違うんじゃないか？」と指摘された編集部が「激怒している」と過剰反応してしまったのではないかというのが僕の考える「真相」だ。

## 「鉄人」ルー・テーズの涙

ウラウナ火山の鉱泉は置くとしても、マスカラス編は全体的に踏み込んだ描写が多かった。別の言い方をすれば、梶原先生が登場人物に抱いている「本音の印象」を、作品のなかではっきり書いていたように思う。

マスカラスと激闘を繰り広げたデストロイヤーについてはこうだ。

**〈覆面世界一の座をマスカラスにうばわれたのを悟ってか、デストロイヤーは日本のテレビの喜劇タレントのアルバイトでえた人気を大事にするようになった。和田アキ子なんかとおどけて……〉**

バラエティ番組に出演するデストロイヤーを見たドスカラスには「みていて、なんだか悲しくなるよ」とまで言わせている。プロレスラーの芸能人化、タレント化には否定的だった梶原先生だけに、これらは本心であったと思われる。

また、自身の団体を設立したものの、経営状態が芳しくないルー・テーズについては、猪木の談話でこう批評する。

**〈わたしもしっているがルー・テーズの晩年の不運、貧乏は事実！　ことプロレスにかけては神のごとく最強だったが、その他の面ではまったく世間しらずで、事業に失敗したり、ペテン師にだまされたりで、現在は無一文も同然……65歳になってまだ、昔なら片手でひねったような相手と試合したり、レフェリーをやるしかない身の上だ。が、これもまた戦いだけに生きた男の美と、マスカラスとおなじく私も思う!!〉**

猪木自身、この直後にアントン・ハイセル事業などの失敗で新日本プロレス社長の座を追われることになるのだが、まだこのときはテーズに同情できる立場にとどまっていた。テーズはその後、美人妻のフレッダ夫人に逃げられ「さすがのわたしもこれで精根つきはてて完全フォールだ」とうまいことを言っていたが、猪木も数年後、妻と離婚を余儀なくされたからまさに似たようなコースを辿ったことになる。

ちょうどマスカラス編が終わるころ、新日本プロレスのリングに実写のタイガーマスクが登場。ノンフィクション感覚のプロレス劇画として、『列伝』が方向性を定めたのもこの時期である。ちょうど連載開始から1年が経過しようとしていた。

第5章

# 伝説と真実

## タイガー・ジェット・シン
## BI砲
## カール・ゴッチ
## リック・フレアー

## 写真が存在しない「伊勢丹前襲撃事件」

マスカラスの次に登場したのは「インドの狂虎」タイガー・ジェット・シンだ。70年代にはブッチャーと並ぶ日本マット界の悪役として名を上げたが、当時は猪木の好敵手が他の選手に移行していた感があり、またシンは梶原先生との接点もなかったと思われるので、原作で描かれているのは昔の時代が中心だ。

インド系のシンは漫画にしやすい選手だった。ヒゲのある顔も特徴的だったが、ターバンやサーベルといったツールも本人のアイコンになり、少なくともマスカラス時代の苦労からは解放された感があった。

シンの「2大伝説」といえば、1973年の「伊勢丹前襲撃事件」と、翌年の猪木戦における「腕折り事件」だろう。どちらも本編で扱われているが、伊勢丹事件に関しては、当時の現場に関する資料がなく、すべて想像で描いた。

この事件では、猪木と一緒に買い物中だった妻の倍賞美津子も巻き込まれていたため、当時かなり大きく報道された記憶があったのだが、それを直接目撃したり、直後に現場に駆けつけたマスコミはなかったようで、写真の類は発見できず、僕も梶原先生の原作以上の情報がなかった。

「伊勢丹前」でシンに襲撃される猪木

シンのほかに、帯同していた外国人選手2人が襲撃に加わったのは事実だったようだが、すぐにパトカーが駆けつけたわけではないという。原作によれば、シンは現場に到着した警察官に向かってこう言い放った。

**〈よう、ポリス諸君‼　諸君とはケンカせん、留置所ぐらしが長引いては、イノキをブッ殺すチャンスを失うからな!〉**

実際にはシンが撤退する前に警察は来ていないのだから、多分、そんなことは言ってないだろう。ただ、梶原先生はこの事件を次のように総括している。

**〈これが有名な「アントニオ猪木夫妻・新宿襲撃事件」である‼　古いプロレス記者・鈴木庄一氏はいう……「世に悪役の数はおおいが、シンとブッチャー、この**

**二名だけは商売用の悪役でなく心底から人間を呪っている悪魔だ!! アメリカでもレスラー同士の街頭のケンカの例はあるが、相手が夫人づれ、かよわい女性と一緒だったら絶対に遠慮する。」〉**

鈴木庄一さんは、日刊スポーツで長く記事を書いていたプロレス記者の草分けの一人で、梶原先生と鈴木さんは80年代に雑誌などで対談していたこともあったから、親しい関係だったことは間違いないだろう。

梶原先生は、少なくとも『列伝』においては編集者に細かい資料を要求したり、事実関係を調べさせたりということはなかったので、こうした史実に関することについては旧知のプロレス記者や、ユセフ・トルコさんなど周辺の関係者からレクチャーを受けていたのだと思う。

後に定着する猪木の「ストロングスタイル」というフレーズは、『列伝』のなかにも出てくる。この言葉の考案者は鈴木庄一さんとされているから、おそらく梶原先生は鈴木さんの言説を、さまざまな作品のなかに取り入れていたのだろう。

## コールタールのなかの水牛

シンのルーツでもあるインドのプロレス史を紹介する第2話のなかで、グレート・ガマやダラ・シンといった伝説の選手たちが登場する。

タージ・マハルを背景に、リングも何もない広場で原始的な戦いを繰り広げるシーンを描いたが、困ったのは次のシナリオだった。

**〈たとえばコールタールと重油を混ぜたドロドロのプールの中で戦う！　ふつうの人間なら身動きもできぬ粘りけに逆らって戦うから、全身のパワー、技のきれが数倍になる！〉**

**〈この地獄プールで、元祖グレート・ガマは巨大なワニを入れ……また、ダラ・シンは水牛を相手に戦った記録がある!!〉**

コールタールと重油を混ぜたらどんな状態になるのか想像もつかなかったが、とりあえずトーンを削って黒光りする海を描き、そこにワニや水牛を浮かせた。この見開きは『列伝』でもかつてないほどのインク量を使ったと思う。

「コールタールに入ったら、水牛もさすがに動けないですよね……」

アシスタントも困惑していたが、世の中には考えたらいけないこともある。僕には梶原先生のこんな声が聞こえてくるような気がした。

「どうだ原田君。これを描けるか?」

梶原先生のイメージをさらに増幅させ、漫画に落とし込む。読者はもちろん、梶原先生にも「なんだこれは」と思われたくない一心で、僕はない知恵を絞って描いた。

1974年6月、大阪府立体育会館におけるシンの「腕折り事件」は、猪木の名勝負として語られることの多い試合である。僕も、当時テレビで2人の抗争を見て、そのリアリティに圧倒された覚えがあった。

このとき実際に腕が折れたのかどうか、はっきりとした情報はなかったが、原作に「ボキッ」という明らかな骨折音が書かれていたので、漫画でもシンの腕を折ることにした。

梶原先生が当時のプロレス誌や書籍、東スポなどかなりの文献に目を通していたことは、原作を読んでよく分かっていたので、悪役レスラーのシンが実は裕福なビジネスマンであったことは当然、梶原先生も知っていたと思う。

そのことは作品のなかでも新聞さんに語らせる形で出てくるのだが、僕はブッチャーのときと同じように、もう少し「悪役稼業」の神髄を描くのかと思っていたが、シン編はいきなり終わってしまった。

**〈近頃、スタン・ハンセンだのハルク・ホーガンだのがはしゃいでるようだが、渡してたまるかッ！　最後にイノキの息の根をとめるのは、このタイガー・J・シンだ!!　ひょっとするとある意味で……おれにとってイノキは……永遠の恋人なのかな?〉**

読者の方々からは、シンの最後の1コマを「よく覚えています」と言われるのだが、僕は不完全燃焼気味だった。これだけ死闘を繰り広げてきたのだから、もう少しハードな着地を描きたいと思ったのだが、女の出ないラブコメのような終わり方になってしまった。『列伝』は、いつ本編が終わるのか、梶原先生以外に誰も分からないし予告もない。原稿を受け取って、そこで初めて最終回と知るので、伏線を張ったり、あるいは回収したり、ラストに向けて流れを作っていくということはできない。

少なくとも初期のころは、コミックス1巻の収録話数（8〜9話）を計算しながら進めていたわけでもなかったので、ある意味行き当たりばったりの連載だったが、次の原稿を受け取ったときにはさすがに緊張感を覚えた。

シン編のあと、満を持してスタートしたのが「馬場・猪木」編である。

## 力道山の理不尽な「差別待遇」

『列伝』の連載が始まってから1年間、外国人選手だけを取り上げてきたことで、僕は今後も日本人選手の登場がないものと思っていた。別のところでも触れたように、タイガーマスクについては後に描くことが内定していると聞かされたが、これは正体が不明という前提なので、日本人とは見なされないと考えられた。

また過去に『ジャイアント台風』や『四角いジャングル』など、梶原先生の原作で馬場・猪木が登場する漫画作品もあるため、重複を避けているのだろうという思いもあった。

だが、ここでBI砲の物語が始まるという。当時の僕は、毎週猪木と梶原先生が少なくとも電話で連絡を取り合い、猪木本人も漫画に目を通していると思っていたので、プレッシャーはとてつもなく大きかった。

「猪木本人も漫画を読んでいる。僕のせいでひどい仕上がりになったら、梶原先生にも恥をかかせることになる……」

だが、すでに原稿は来ている。不安が尽きないままに、馬場・猪木編はスタートした。

馬場・猪木の生い立ちについては、基本的に史実のとおりだった。外国人選手の場合、真偽不明の逸話が体感で5割以上あったが、日本語で自伝も出している馬場、猪木の場合、そこから大きく逸脱することはできない。

巨人軍に入団したものの、大ケガで引退し、力道山の弟子になった馬場。そして少年時代にブラジルに一家で移住し、過酷な労働に従事しながら現地で力道山にスカウトされ日本に戻った猪木。このあたりは過去の梶原作品にも目を通し、大きな矛盾が生じないように注意した覚えがある。

馬場や猪木の若いころは、決して描きやすい顔ではなかった。２人とも顔の形に特徴があったため、本人の雰囲気を出すことができたが、この時期は力道山のほうがよほど楽に描けた覚えがある。

ＢＩ砲の物語は、「馬場を優遇し、猪木に厳しく当たる力道山の差別待遇」を軸に展開される。このストーリーの場合、力道山やユセフ・トルコを思い切り理不尽な人物に描き、猪木の屈辱を浮き彫りにする必要がある。個人的に言えば、圧制下に生きる人間像を描くのは得意だったし、梶原先生好みの展開でもあった。シナリオと作画の波長は良好である。

馬場と猪木が日本プロレスのちゃんこ番をつとめていると、力道山は馬場にだけ「お前はいいから食え」と促し、猪木には声をかけない。そして馬場は素直に「ハ…ハイッ！」と力道山の言葉に甘え、猪木を見捨てて食事の輪に加わる。

露骨な待遇差に猪木は絶望する。

力道山の理不尽制裁を象徴する「靴ベラ殴打」

**〈なんで馬場さんだけが……や、やはりプロ野球の巨人軍出身という馬場さんの過去を、力道山先生はおれより一段上に評価しているのか?〉**

デビュー戦は馬場の相手が田中米太郎、そして猪木の相手は大木金太郎と決まった。ここでも猪木は「また差別待遇だ!!」と憤る。

**〈田中米太郎さんは力道山先生の付人で忙しく、ろくに練習もやってない。それにひきかえ大木金太郎さんときたら、いまがのびざかりの中盤でガチガチのセメント(けんか)・ファイター!〉**

当時は「セメント」という言葉もあまり使われていなかったと思うが、少年誌でも容赦なく専門用語を繰り出す梶原先生はまさに「セメント原作者」だった。

有名な「靴ベラ殴打事件」もしっかり入っている。僕も何かの記事で、出す靴を間違えた猪木が力道山に靴ベラで殴られ、本気でプロレスを辞めようとしたエピソードは読んだことがあった。ついにその有名なシーンを自分が描くのかと思うと、何か不思議な感覚だったことを覚えている。

力道山の「格」を演出するために、ここでは旅館の描写にこだわった。天皇陛下が巡幸時に宿泊したという和式旅館に力道山も泊まるという設定だが、実際の写真を入手して描き、「プロレス界の天皇」と当時は業界の最底辺にいた猪木のコントラストを強調した。

それにしても、靴ベラ事件で力道山が放った言葉が「バッキャロ!!」である。本当に言いそうでもあるし、疑問でもあるが、もはや梶原先生が力道山に乗り移っていたとしか考えられない印象的なセリフだった。

## 馬場が経験した「日系レスラーの屈辱」

史実に比較的忠実だった馬場・猪木編だが、外国での話はその限りでない。

馬場がアメリカで武者修行を始めたころ、ニューヨークで女性用の襦袢を着せられ、オープンカーで市街をパレードさせられるという場面があった。常識的に考えれば、馬場ほど大きな女性がいるはずもないし、そんな巨大な襦袢などあるはずがない。多分、フィクションだろうなとは思ったのだが、そういうときはかえって気が楽だった。自由に思い切り描くことができるからである。

なまじ半信半疑の逸話だと、どこかに写真などが残っている可能性もあり、後から誰かに間違いを指摘される可能性もある。特に馬場・猪木の場合、詳しい関係者も多く、本人も目にするわけだからいい加減なことはできなかった。

１９６０年代当時、アメリカに乗り込む日本人レスラーが命がけだったという話は聞いたことがあったし、僕らの世代の人間からすればよく理解できることだった。馬場は漫画のなかで「太平洋戦争なんて、そんな昔の日米関係などしったことか！」と嘆くのだが、作品で描かれた時代はまだ終戦から20年も経過しておらず、そこまで昔の話ではなかったはずだ。

試合を盛り上げるために、ゲイシャ、フジヤマ、スモーといった日本のエッセンスをまぶしながら、日本人レスラーが悪役を演じるというのは実際にあったことで、当時『列伝』を読んでいた子どもたちにとって、その内容はある種の社会勉強にもなったのではないかと考えている。

アメリカ武者修行から帰国した馬場は、日本プロレスの不動のエースとなり、一方の猪木は相変わらず前座扱いで、馬場とのシングル直接対決も16連敗。だが、力道山はある日、猪木にこんな言葉をかけるのだ。

**〈猪木、よくぞいままでわしの差別待遇にたえたな。そして、あれほど馬場に負けつづけながら、よくぞ夜逃げもせずがんばった！〉**

力道山が意図的に猪木を差別していたかどうかは分からないが、少なくとも猪木が馬場への対抗心を抱き、いつかは馬場に並ぶ存在になりたいと希求していたことは間違いなかったと思う。その意味で、本編のストーリーは根本的に極めて真実に近いノンフィクションになっており、僕はいつしか「早く続きが読みたい」という気持ちになっていた。

差別待遇と聞くと、僕は育ての親だった叔父さんのことを思い出す。叔父さんは熊本出身の人間だったが、自分より下の世代でちょっと弱い人間がいると面白半分にいじめてみたりする悪い癖があった。そのくせ、当事者が成長し大きくなると「よくぞ耐えた。俺の教育方針は間違っていなかった」などと正当化するのである。

梶原先生もルーツは熊本だが、叔父さんと似たようなところがあった。たとえば、各出版社には担当編集者がいる。梶原先生と合うのは、必要以上に物怖じせず、しかし尊敬の念をしっかりと持っているタイプの編集者だ。『列伝』の最初の担当者がそうだった。

ところが、いたずらに怖がって接触を避けようとするような編集者を見ると「お前は何だ」と圧力をかけたりする。梶原先生流の「かわいがり」で、いまの時代で言うパワハラの部類だが、当時はそれに耐えるのが常識だった。開き直って先生と向き合えば「よく耐えたな」と認めてくれるが、さらに逃げるようだと最後まで合わない。

いちばんまずいのは、梶原先生から見て単に横柄な編集者だ。これは言葉ではなく、時と場合によってはカラテで詰められる。梶原先生は後に講談社の編集者とトラブルを起こすことになるのだが、その編集者は見かけもちょっと梶原先生に似た、いわば「プチ一騎」のような人だったと聞いた。断っておくが、彼が梶原先生へのリスペクトを欠いていたかどうかは分からない。あくまでも梶原先生がそう感じてしまった場合、結果として事件に発展することがあるということだ。

## 最も注意を払った「力道山刺傷事件」

第7話で、当時のプロレス界における一大事件だった力道山刺傷事件を扱っている。これは『列伝』の連載のなかで、もっとも注意を払って描いたエピソードである。

実行犯が暴力団幹部だったというのは報道されていたし、すでに服役を終えて出所しているはずだったから、いくら少年誌とはいえ通常のレスラーのような写実的な描写は控えなければならなかった。とはいえ、勝手に風貌を創作してもおかしくなる。似てても似てなくても問題になりそうな状況で、ここではあえて実行犯の顔は描かないことにした。

**〈日本プロレス史上最大のショック‼　力道山の急死‼　それについて、くわしくしりたいという若い読者の声が多いので、アントニオ猪木、ユセフ・トルコら、その死にたちあった関係者のナマナマしい証言をもとに、悪夢の悲劇を再現してみよう……〉**

まるで青年誌で描くような内容だが、当時小中学生くらいだった読者においては、力道山がなぜ刺されなければならなかったのか、ここで初めて「真相」らしきものに触れたという向きも多かったのではないかと思う。

力道山の死に関してはいまだに諸説あり、刑事裁判で明らかにされた事実に対し、側近、あるいは治療にあたった医師たちの証言が食い違っている部分も多いため、『列伝』で描かれた経緯がどこまで客観的事実と一致しているのかは、正直いまでも分からない。

ただひとつ言えるのは、当時梶原先生の周囲には生前の力道山と親しかった関係者がまだ多数いたし、発行部数が200万部近くあった『サンデー』の影響力は大きく、『列伝』の内容をそのまま「真相」と受け止めた人が少なからずいたということである。

この事件については、その後さまざまな角度から検証がなされており、『列伝』の内容のうち明確に否定されている部分もある。そのことについては責任の一端を感じるのだが、梶原先生はおそらく、この事件に関してはドラマ性を持たせるために誇張したり、当時知りえた逸話を意図的に改変するといったことはなかったと思う。

当時、迷ったのは力道山の死に直結したとされる「寿司と酒」の描写だ。

**〈ここでまた不死身の肉体への過信がでて、手術後は医師の許可がでるまで絶対禁止の水分を力道山はとってしまう！　見舞客のもってきた寿司までたいらげたとの説もある。〉**

ここで梶原先生は「寿司までたいらげたとの説」と、未確認情報であることを断っているのだが、僕はそれを思い切って絵にしたため「力道山がベッドで寿司を食い、酒を飲んでいた」というイメージが固定してしまった。

付け人だった猪木とミツ・ヒライが24時間態勢で病床のそばにいたものの、疲労からつい眠ってしまった間に「寿司と酒」事件が起きたというのが原作の内容だったが、僕のなかでは現場にいた猪木に梶原先生が話を聞いているのだから、ほぼ事実で間違いないという判断があった。

編集部としても、梶原先生の原作に手を加えるという発想はなかったと思う。小学館は『週刊ポスト』という総合週刊誌も発行しており、その気になれば客観的事実の検証をする能力はあったはずだが、よほど重大な問題が想定されない限り梶原作品には原則ノータッチというのが基本だった。

たとえば馬場・猪木編で日系レスラーの「デューク・ケムオカ」なる選手が登場するが、これは「デューク・ケオムカ」(田中久雄)の誤りである。おそらく梶原先生の単純な勘違いで、本来は勝手に修正しても良いところだったはずだが、名前はそのままになっている。ちなみにケオムカは『ジャイアント台風』にも登場しているが、こちらの表記は正しい(講談社文庫)。このあたりは編集部によってもさまざまな対応があったようだ。

いずれにしても、この力道山刺傷事件を描いたことで当時、大きな問題が生じなかったのは幸いだった。もっとも、もしご迷惑をおかけした関係者の方がいたとすれば、この場を借りてお詫びしておきたい。

## 連載中に外国人選手の引き抜き戦争が勃発

アメリカ武者修行時代の猪木と戦ったとされるプロボクサー、アーチ・ムーアも後年、読者に問われることが多かった選手である。

結論から言えば、ムーアと猪木の試合はなかったようだ。本編のなかでは「恐怖のボクサー」として描かれたが、正直なところ僕もよく知らない選手で、写真は確認できたため

「実在はしたんだな」という記憶だけが残っている。
なぜこの選手が登場したかについてはいまもって謎だが、かつて猪木がモハメド・アリと戦った際、ボクサーとの異種格闘技戦について聞かれ「かつてアーチ・ムーアがプロレスラーと戦っているのを見た」という趣旨のコメントをしていたらしい。おそらく梶原先生はそのあたりの記事や資料、あるいは伝聞などからムーアと猪木の試合を設定した気がする。
もちろん、当時の僕はこの幻のムーア戦があったことを信じて疑わなかった。何しろ猪木本人が力強く、こう語っていたからである。

**〈「プロレスこそ最強の格闘技なり‼」と、わたしが確信したのは、この対ムーア戦においてである！　強い、こわい相手と思っても、イザからだをぶっつけてみると信じられぬほど、わたし個人、というよりプロレスは強かった！　そして、これが後年やる異種格闘技戦の第一戦でもあった。〉**

冒頭の「プロレスこそ最強の格闘技なり‼」が大きく太く書かれており、僕は「ああこれが異種格闘技戦の原点だったのか」と納得した。それだけに試合そのものが架空だったと聞いたときには驚いたが、細部に至るまで事実関係を追求するプロレスファンの飽くなき情熱は、それ以上に驚きだった。

ただ、僕はプロレスファンの読者に育てられたと思っている。どんなところも見逃さない、そんな高いハードルを設定してくれたからこそ、僕も必死になって作品に取り組んだし、もっと期待に応えようとした。その結果、自ずと作品の質も磨かれていったのだと思っている。

猪木が豊登と「東京プロレス」旗揚げの構想を語り合ったのはハワイでのできごとだった。僕はハワイの波に乗るサーファーの姿をバックに「ドドーン」と猪木の野心を表現したが、これは小学館新人コミック大賞で入選した作品『ビッグ・ウェーブ』で描き慣れたシーンだった。自分のわずかなキャリアを梶原先生の原作と融合させて、当時の『列伝』はいっそう勢いを増していたように思う。

この当時の梶原先生は、全日本と新日本の間で勃発した「外国人引き抜き戦争」の真っただなかにいた。

1981年5月、長らく全日本のリングに上がっていたブッチャーが新日本に電撃移籍。その直後、全日本もタイガー・ジェット・シンを新日本から引き抜き、ここからハンセン、ブロディら主力外国人選手の引き抜き合戦が始まる。梶原先生が親しかったのは新日本の新間さんだったとはいえ、よりによって馬場・猪木編の連載が進行中のところで両団体の引き抜き合戦が始まったのだから、日ごろは『サンデー』を読まないプロレス関係者まで、その内容に注目するようになったと聞く。

## 「ダラ幹」の本当の意味

猪木の旗揚げした「東京プロレス」は早々に潰れ、日本プロレスに復帰した猪木は馬場との「BI砲」を結成、やがて日本プロレスの放漫経営を追及する急先鋒となる。

当時の『列伝』読者はなぜか「ダラ幹」という言葉を記憶している人が多く、「ダラ幹」と言えば日プロ幹部をすぐに思い出してしまうという人もいるくらいで、僕も不思議と印象に残る「ダラ幹」の語感が気になってしょうがなかった。

梶原先生の原作では、猪木の次のような談話がある。

**〈しかし、大物政治家のツルの一声で、しぶしぶ、わたしの復帰を認めた日本プロレスのダラ幹（だらけた幹部）どもには、けっして心を許したわけではない！〉**

「ダラ幹」とは「だらけた幹部」の略語で、実際その後、クラブ街を飲み歩く幹部が登場する。僕も「そうなのかあ」と思っていたが、この「ダラ幹」の本当の意味は「堕落した幹部」で、労働組合が経営陣を批判するときに使われる常套句だった。「堕落」と「だらける」は似たような意味もあるからどちらでもいいという説もあるが、梶原先生の言説を信じていた方々には、いまさらではあるが「修正」のお願いをしておきたい。

腐敗した日本プロレスを立て直すため、馬場は猪木に改革を持ちかける。ところが何者かがその計画を幹部に密告し、猪木を疑ってしまった馬場は、計画を白紙に戻してしまう。

馬場の猪木に対する不信は、その表情だけで表現しなければならなかった。「裏切者」の猪木を見つめる馬場の目——なかなか難しい仕事だったが、こうした細かい1コマが、当時の僕にとっては大きな学びになっていた。

いまでも思い出深いのは、日本プロレスを除名され、新日本プロレスを旗揚げした猪木が、師であるカール・ゴッチの電話を受けるシーンだ。

旗揚げ戦に向けて、どんな大物選手を集めてくれたか期待する猪木に対し、ゴッチは「日プロの圧力」で交渉が難航していることを伝える。

ところがここで、ゴッチが「興行は成功する！」と太鼓判を押すのだ。

**〈新日本プロレスの旗あげ興行は立派にやれるッ！　一人の超大物レスラーが日本へいき、きみと戦うからな！〉**

**〈エッ……そ、その超大物とは⁉〉**

**〈わたしだよ。それともカール・ゴッチは超大物ではないかな？〉**

僕が後年、『男の星座』で再び梶原先生と仕事をさせていただくことになったとき、ふと思い出されたのがこのシーンである。

暴行事件で逮捕されスキャンダルにまみれた梶原先生は、かつて仕事をともにした主要な出版社からことごとく敬遠され、引退作品の場を提供してもらえなかった。

ゴッチが見せた「男気」に涙を流した猪木

だがそんなとき『漫画ゴラク』の日本文芸社が「是非ウチで」と手を挙げたとき、梶原先生は本当に感激していた。金銭や世間体をかなぐり捨てて「男気」を見せることが、何より尊いことだと信じていた梶原先生にとって、大手とは言えない出版社が「美学」を貫いてくれたことは、涙が出るくらい嬉しいことだったのである。

「梶原イズム」を象徴するこのシーンは、いまも『列伝』における名場面のひとつとして語られているという。猪木とゴッチの間で本当にこうしたやりとりがあったのかは分からない。ただ、梶原先生の「男たるものこうあってほしい」という願望が、ここに込められていたことは確かである。

## 蔵前国技館の控室で「金縛り」

馬場・猪木編の終盤は駆け足で進み、最後はウイリアム・ルスカ、モハメド・アリ、ウィリー・ウィリアムスらと猪木の異種格闘技戦を描いて終わった。それまでの外国人選手とは異なり、ずっしりとしたノンフィクションを描いたという実感があったが、それだけ仕事上の収穫も大きく、その後に馬場・猪木が登場した際には、少し自信を持って表現できたような気がする。

『列伝』の連載中、僕は猪木本人と話す機会はなかった。だが一度だけ、蔵前国技館の試合を観戦したとき、関係者が「今日は控室に入れますよ」と僕に声をかけてくれたことがある。

その言葉に甘えて試合後、許可された人間しか入ることのできない選手控室を軽い気持ちでのぞきにいった。すると、大勢のプロレス記者に囲まれ、まさにいま試合を終えたばかりの猪木がイスに座って何やら質問を受けているところだった。

次の瞬間、僕は「金縛り」にあったように動けなくなった。

猪木の視線が記者の人垣を突き抜け、僕の目をガッチリと捉えている。猛獣が小動物を狙うかのような鋭い目線に、僕は目をそらすことさえできず、異様なロックオンは5秒、いや10秒は続いたような気がする。あまりにも長い凝視の後、猪木は顔の向きを変え、記者の質問に小さな声で答えていた。

当時の漫画家は誌面に顔写真が掲載されることもなく、スーパースターの猪木が僕のことを知っているはずはなかった。おそらく、見かけない若造が控室に入ってきたので、一瞬で異変を察知し警戒したのだろう。

まるで、その場にいたすべての人間が止まって見えるような猪木の恐ろしい「眼力」に触れ、僕はすべてを飲み込む猪木のキラーな一面を再認識した。たった一度の「猪木体験」だったが、僕にとって忘れることのできない強烈な記憶である。

## 幻の短編「カール・ゴッチ編」

馬場・猪木編が18話で終わった後、次が「神様」カール・ゴッチと分かったときには本当に驚いた。

まず、ゴッチの時代は相当に古い。新日本の旗揚げ戦に登場しているとはいえ、世代的には力道山と同じで、僕も全盛期は知らないし、少年ファンになじみのある選手ではない。伝説の選手であることは確かだが、どうしていま活躍中のレスラーを取り上げないのだろうとかなり疑問に思った。

結論から言うと、ゴッチ編は5話で終了したため、小学館発行のコミックスには収録されなかった。だからいまだにゴッチ編を読んだことがないという人がかなりいる。早々に終わった明確な理由は分からないが、おそらく梶原先生のなかで、ゴッチの物語を長々展開するのはライブ感に欠けるとの自覚があったのだろう。

僕はこの当時、全日本プロレスのリングで活躍していたリッキー・スティムボートが『列伝』に出たら面白いのではないかと密かに思っていた。母が日本人ということもあってかなりの人気を博していたし、空手技も使いカンフー的なイメージもあったので、梶原先生との相性がいいはずだと思ったのだが、結局主人公としては登場しなかった。

これも推測に過ぎないのだが、当時、ライバル誌の『ジャンプ』が『リッキー台風』という平松伸二先生のプロレス漫画を連載しており、主人公「リッキー大和」は実際のリッキー・スティムボートと無関係だったが、似たような印象を持たれるのは良くないと梶原先生が判断した可能性はあったと思っている。

最短で終わったゴッチ編だが、その始まり方は「巨編」を予感させるものだった。猪木が冒頭でこう語る。


**〈さあ、わたしの恩師の出番だ!!　「プロレスの神様」の登場だ!!　わたしは神様カール・ゴッ**

**チによってプロレス開眼し、きたえぬかれ、いくたびも叩きのめされながら強くなった！　ちょうど百獣の王ライオンが、わが子を千仞の谷底に突き落とし、くじけず這いあがってきた子だけを王者のあとつぎとして育てるように……〉**

「蛇の穴」（スネーク・ピット）と呼ばれたロンドンのビリー・ライレー・ジムに入門したゴッチは、卒業後にプロレスデビューを果たし、わずか3年でヨーロッパを代表する強豪選手に成長。魅せるプロレスを否定して、一切の妥協なく相手を瞬殺したことから「秒の殺し屋」と呼ばれるようになる。

「蛇の穴」というと、タイガーマスクが修行したとされる「虎の穴」（タイガー・ホール）を連想する読者の方も多いと思うが、梶原先生の創作だった「虎の穴」とは違い、「蛇の穴」は実在したジムで、ビル・ロビンソンも出身者の一人だ。

とはいえ、当時の僕はゴッチについて詳しい知識を持ち合わせておらず、若き日の物語については梶原先生の原作を信じるほかなかった。梶原先生にとっても、ゴッチの生い立ちについては文献や資料で知るほかなかったと思われ、『列伝』のゴッチ編は、それほど大胆な脚色はなかったはずだと思っている。

## ショーマンシップに欠けた男の悲劇

作品のなかのゴッチは、「実力はあれど、ショーマンシップに欠けた悲運の男」として描かれるが、それは本当にそうだったと思う。ゴッチはある時期、プロレス界を離れハワイの清掃局で働いていた時期があったが、梶原先生の手にかかると極太の字でこうなる。

## 〈カール・ゴッチがゴミ回収作業員!!〉

いまだから明かせるが、この職業差別にもつながりかねない描写は「ちょっとどうなんだろう」と思ったが、当時は編集部もスルーしていたし、読者からも特に抗議の類があったという話は聞かなかった。『列伝』は、良くも悪くも時代のなかで生み出された作品であったことを改めて感じさせる場面だ。

新日本プロレスとは後々まで深い関係を保ったゴッチは、少年ファンにルー・テーズ以上の幻想をもたらした存在だったと思う。『列伝』でも強さと男気を兼ね備えた人物として描かれたが、意外なことに梶原先生はゴッチをそれほど高く評価しているわけではなく、むしろルー・テーズのほうが人間的には好きだという趣旨の話をしていた。

ゴッチのような、いわば融通のきかないシューターよりも、妻に逃げられ涙を流すような人間味のあるテーズのほうが、梶原先生の人生哲学においては上位に位置づけられるのだろう。

いまさらファンの夢を壊すようなことをしたくはないのだが、ずいぶん後になって愕然とするような話を聞いたことがあった。新日本の旗揚げ戦において、猪木の対戦相手を引き受けたゴッチは高額なギャラを要求していたという。新日本に協力すれば、アメリカではNWAに反旗を翻した選手と見なされるため、リスクに見合った保障を求めていたのだ。これは猪木本人も「札束を目の前で数えるゴッチに幻滅した」と自伝で語っていることなので、本当のことなのだろう。

「あの涙の国際電話はなんだったんだ……」

まさに時空を超えた壮大などんでん返しである。

ただ、僕はいまでも梶原先生の原作を愛している。たとえゴッチが高額ギャラを要求したとしても、基本的に猪木に協力したいという気持ちがなければ旗揚げ戦に登場することはないと思うし、プロとして報酬を受け取ることはある意味当然のことでもある。

物事にはいくつもの断面があり、「打算と欲得で動いたゴッチ」もいれば、「友情と義理人情のゴッチ」もいただろう。それらのうち、どの部分をハイライトするかによって作品は決定付けられる。史実がどうあれ、梶原先生が作品を通じて読者に伝えたかった思いが色褪せることはない。

## 「4の字固めは短足ほど有利」の説得力

ゴッチ編に続いて登場したのは「狂乱の貴公子」リック・フレアーである。当時のフレアーはNWA世界ヘビー級王者として全日本に参戦していたが、正直言って、日本のファンにどこまで人気があったかは分からない。おそらく、人気では上回る外国人選手は他にたくさんいたと思う。

それでも『列伝』に登場することになったのは、梶原先生がNWAという組織の権威を重視していたからではないかと僕は思っている。

アウトロー気質で、体制的な思想には相容れないイメージのあった梶原先生だが、その実、伝統的、保守的な価値観は強く持ち合わせており、それは『巨人の星』や『愛と誠』といった代表作にも色濃く反映されている。

それはプロレス界においても同様で、ハーリー・レイスやジャック・ブリスコといった、人気面ではいまひとつだった歴代NWA王者を、梶原先生は日本人選手の上位に置いていた。「プロレスと言えばNWA」という図式を信じていたのである。

フレアー編は、梶原先生の「NWAこそ総本山」という持論から生まれたと思うのだが、実際のフレアーが「強さ」を売りにする選手ではなかっただけに、作品の随所で梶原先生の「格上げ」アシストを受けていたような気がする。

梶原先生は、フレアーを単純なイケメン王者としてではなく、低身長で短足コンプレックスに悩む若者として描いた。このあたりは、人間の屈折を物語の土台に置く梶原先生ならではのシナリオである。

ニューヨークでバトルロイヤルに出場したフレアーは、例によって他の全選手から集中攻撃を受け、血だるまにされる。悲鳴を上げる女性ファンに向け、フレアーを痛ぶる選手たちは得意げにこうアピールする。

**〈よーくみなッ　お嬢さんがた‼　これが、あんたがたの好きな〝狂乱の貴公子〟とやらの正体よ！　つらだけチトハンサムなチビで短足のニセ悪役が、かわいそうにご臨終ッ、ご臨終ッ！〉**

梶原先生得意の「体言止め」が出る場面は『列伝』テイストに満ちているが、フレアーは自分の短足をいかした4の字固めを武器に、一流選手の仲間入りを果たすようになる。猪木はフレアーの4の字固めについて、こんな解説を加えている。

**〈わたしの体験した最高の足4の字固めの名人は、あの〝白覆面の魔王〟ザ・デストロイヤーだったが――わたしのしるかぎり、もっとも足の短い一流外人レスラーもデストロイヤーだった。つまり、必殺足4の字固めは短足レスラーむきなのだ!! 短足の方が、すきまができず敵の足に密着するし、したがって関節への圧迫もキビシイから激痛をうむ!〉**

当時は「へぇ、そうなんだ」と思ったが、よくよく考えると分かるような、分からないような解説である。ただし外国人選手としては小柄な体格だったフレアーが、パワー系ではない技に活路を見いだしたのは戦略的に正しかったと思うし、その意味では猪木解説もまったくのこじつけとは言い切れない気もした。

## キラー・コワルスキーの「耳そぎ事件」

梶原先生は、フレアーについて「足が短い」という印象を相当強く持っていたらしく、あるときフレアーがスネの部分に黒いサポーターを装着しているのを見て「こいつは自分のことがよく分かってやがる」と感心していたという話を聞いた。

第5話で、珍しくフレアーに食事をごちそうしたブッチャーがこんなアドバイスを送る場面がある。

〈強気に正面からぶつかるだけでなく、もっと相手の力を利用すべきだな。それを、4の字固めのすべりどめに、ルールで許されとるサポーターを両足のスネにつけるといい。サポーターの色は黒にしな。区切りができて短足がすこしは長くみえる。〉

フレアーの「自己演出」である黒のサポーターを見た梶原先生が、「実はブッチャーのアドバイスによるものだった！」と後づけでアレンジしてしまった可能性が高いのだが、それもフレアーの足をしっかり観察していたからこそ生み出された物語だったわけで、梶原先生のこうした細かい工夫と味付けは、独自の味わいがある。

このフレアー編は、梶原先生の「創作活動」が活発だった時期で、「殺人狂」キラー・コワルスキーのいわゆる「耳そぎ事件」も紹介されている。

かつてコワルスキーはユーコン・エリックとの試合中、トップロープからのニー・ドロップを放った際に誤って相手の耳をそいでしまい、その後エリックは自殺。コワルスキーは菜食主義者になったという「伝説」だ。

この話が事実ではなかったということを、当時僕は何かの記事を読みすでに知っていたので、逆にすべてを承知の上で安心して描くことができた。なお「耳そぎ事件」の真相は純粋なアクシデントで、エリックは確かに自殺しているが「耳そぎ事件」と関係はなく、コワルスキーは事件の前から菜食主義者だった。僕がはじめから「フィクション」だと見

「耳そぎ事件」の後遺症に苦しむコワルスキー

破っていた非常に珍しいケースだったが、一連の事件を信じてしまったままでいる当時の少年ファンには、この場を借りて本当のところをお伝えしておきたい。

8話で完結したフレアー編だったが、当時（1981年）後半のプロレス界の話題を独占していたのは圧倒的に新日本だった。

佐山聡のタイガーマスクはエースの猪木をしのぐほどの人気を集めていたし、1981年9月には崩壊した国際プロレスからラッシャー木村、アニマル浜口、寺西勇が参戦。全日本から引き抜いたブッチャーに加え、アンドレ、ホーガン、ハンセン（12月に全日本へ移籍）らがひしめきあい、長州力、藤波辰巳（現・辰爾）、前田日明ら若手も確実に成長していた。

新日本の人気を背景に『列伝』コミックスの売り上げは好調で、1枚7000円でスター

コミックスが100万部を突破し表彰された梶原一騎と著者　©木村盛綱

トした毎週の原稿料も徐々にアップし、このころは1万3000円まで上がっていた（最終的には1万5000円）。新人漫画家が初の連載でここまで到達すれば、大成功の部類に入ったと思う。もちろんそれは梶原先生の力と、プロレス人気があってこその結果だった。

フレアー編のあと、いよいよ『列伝』における真夏の時代、タイガーマスク編が始まった。この時期のことは第1章に詳しく触れたが、タイガーマスク編が終わるころ、僕は小学館に呼ばれコミックスの100万部突破を記念する盾を贈呈された。

当時、目の前の仕事をこなすので精一杯だった僕は、自分がいくら稼いでいるのかすらよく分からないでいたが、100万部と聞いたときにもまだ、売れているという実感はなかった。

ただ、自然に口座の残高は増えていたようだった。当時、世田谷の中古マンションを購入しようとして

６００万円の頭金を用意したところ、銀行の担当者にはこう言われた。

「漫画家さんって儲かるんですねえ……」

まだバブル前の時代で、２ＬＤＫの中古マンションは１６００万円程度だったが、それでも銀行マンからすると、30歳そこその新人漫画家が６００万円をポンと出せるとは思わなかったようだった。

ちなみにその直後にバブル景気が到来し、不動産価格が高騰しすぎたため、恐ろしくなって世田谷から埼玉県に引っ越したが、売却時の値段は２５００万円だった。結果オーライの不動産取引だったが、これもすべて『列伝』が売れたおかげである。

第6章

# 「ワン・モア!」

## ハルク・ホーガン
## ブルーザー・ブロディ
## ザ・グレート・カブキ

## 賑やかな年始の梶原邸

『列伝』の連載が始まってから、僕は梶原先生と年に2回ほどの頻度で会うようになった。まず年始の挨拶に行くのが恒例行事で、小学館の編集者とともに練馬の自宅を訪問すると、「まあ座れや」とすでに飲んでいる梶原先生がくだけた調子で迎えてくれ、そこには必ず他社の担当編集者や漫画家、空手関係者などが集まっていた。

あまり酒が強くない僕は、梶原先生とサシで飲み続けるという経験はしていないが、自宅では秘書的な役どころだった娘さんが来客に気を遣ってくれたことを覚えている。

当時の梶原先生は、台湾出身の歌手・白冰冰《パイピンピン》と結婚していたと噂では聞いていたのだが、僕は2人が一緒にいるところを見たことがなかった。また、梶原先生の最初の奥さんである篤子さんとは当時、離婚期間中（1985年に再入籍）でこちらも『列伝』連載中に姿を見ることはなかった。

年始の挨拶以外で会う機会といえば、出版社が主催するパーティーである。もっとも、交友関係が広い梶原先生の周りには常に業界関係者がいて、連載でタッグを組んでいても、作品について詳しく語り合うというチャンスはなかった。

だいたいはこんな会話である。

「おお原田君よ。お前、ちゃんと飲んでるか」

「はい、いただいてます」

「食ってるのか」

「はい、食べてます」

「それならいい」

「先生」

「なんだ」

「今年もよろしくお願いします」

「いままでどおりやってくれ。よろしくな」

僕が、梶原先生と少し具体的な話ができるようになったのは、『列伝』の連載が終わってからのことである。大病を患い、殺気が完全に抜け落ちた梶原先生は、まだ50歳手前だったにもかかわらず、体は痩せ細り、修行僧のような顔つきに変化していた。そのときには篤子夫人とも復縁しており、会うのは自宅で奥さんと一緒のときが多かった。

梶原先生が、幾多の大物漫画家と仕事上のトラブルから「決裂」したことは、業界の伝説になっていたし、僕も話には聞いていた。もっとも有名な逸話は、つのだじろう先生との確執である。

『空手バカ一代』の作画を担当したつのだ先生は、ある時期から梶原・真樹日佐夫兄弟と対立し、別の作品のなかで梶原兄弟に呪いをかけるアナグラムを仕込んだところ、これがあっさりバレて詫び状を書かされる羽目になった。昭和の漫画ファンにはよく知られている話である。

つのだ先生のような大物漫画家でなくとも、原作原稿の到着が遅かったり、暴力的内容の作品を受け止めきれないなどの理由から、梶原先生と離れていった漫画家はかなりの数にのぼる。

だが幸運にも、僕は最後までそうしたトラブルと無縁だった。意図せず先生と一定の距離を保っていたことや、毒気が抜かれた晩年に仕事をしていたことなどが背景にあったと思うのだが、それもまた運命の巡り合わせなのだろう。

## 「超人」ホーガンのミュージシャン時代

タイガーマスク編のあとに始まったのは「超人」ハルク・ホーガン編だった。彫刻のような肉体美に口ヒゲのホーガンは、存在自体が漫画の世界から出てきたような選手であり、非常に描きやすい選手だった。「斧爆弾」アックスボンバーと「イチバーン！」の掛け声は当時、日本のプロレス少年もよく真似しており、いつか必ず登場することになるだろうと思っていた選手である。

プロレスラーになる前のホーガンがロックバンドのベーシストだったという話は当時の雑誌にも書かれていたが、写真は見た記憶がない。梶原先生はなぜかこのエピソードを気に入っていたため、当時クイーンやレッド・ツェッペリンなどを取り上げている洋楽誌を参考にしながら、ホーガンのロック・ミュージシャン時代をできるだけベタに再現した覚えがある。

ホーガン編の主要登場人物は、アンドレ、ハンセン、ボブ・バックランドなど外国人選手が多かったため、カタカナだらけのセリフまわしが随所に登場したが、不思議なことに原作のセリフが秀逸だと、こちらも表情のイメージが浮かんできてペンが進む。言葉の力は本当に強い。

**〈コッ、このニコニコした男が!!　イノキの片腕といわれ、対モハメド・アリの世紀の他流試合も実現させたという名参謀シンマ！〉（ホーガン）**

**〈坊や、口にチャックしな。〉（ハンセン）**

**〈レフェリー、おれがチンピラを殺さぬうちに早いとこストップしろよ！　このバカ暑さだッ、おれも客も早いとこ帰って冷たいビールを飲みてえさ！〉（アンドレ）**

**〈オー、アンダスタン！〉（バックランド）**

なぜか外国人選手にはピタリとはまる謎の梶原節が次々と放たれ、ホーガン編は描いていて楽しかった。タイガーマスクがデビューしてからというもの、新間さんと梶原先生の関係はさらに密接なものになっていたと思われ、実際に新間さん自身が作品のなかに頻繁に登場していた。どこから見ても良好と思われた両者の関係が、まさにこのホーガン編の連載中に起きたある「事件」で崩壊するとは、このとき知る由もなかったのだが。

## 破壊された腕相撲ゲーム

1981年5月10日、ホーガンとハンセンの初となるシングル対決が実現（後楽園ホール）したが、なぜかこの試合はノーTVマッチだったため、雑誌などを参考に描いた覚えがある。作品のなかでは、負けられない2人の激突が凄惨な試合になることも予想されたため、「子どもに見せられない」と考えた猪木の一存でテレビ中継を回避したとあるが、どうもWWF（現・WWE）への配慮（ホーガン負けの放送自粛）だった可能性が高いようである。

この試合、ホーガンは場外戦で曲がったイスとフェンスの間に手が挟まり、リングアウト負けを喫したことになっているが、これも事実ではなかった。ただ、当時はテレビ中継もなく、リングアウト負けそのものは間違いないので、会場にいたファン以外はその描写を信じるしかなかっただろう。

ゲームセンターの「腕相撲ゲーム」を破壊したホーガン

この激闘を通じ、互いの実力を認め合った2人は心を許し合う親友になる。あるとき、新宿・歌舞伎町に繰り出したハンセンとホーガンは、ゲームセンターに入り「パンチングマシン」と、横綱・北の湖をモチーフとする「腕相撲ゲーム」に挑戦する。

このシナリオを見て、僕はアシスタントとともに実際のゲームセンターに偵察に行った。原作におけるハンセンは、パンチングボールをチョコンとラリアットしただけで、最大目盛りの300キロを振り切り「グフフッ」と笑うのだが、実際のボールはものすごく重量があり、天板に激しく打ちつけられるようなパンチは打てなかった。

ホーガンに至っては、何人ものチャレンジャーを骨折させたという腕相撲ゲームの最強設定「横綱」コースに挑戦し、一瞬でアームを破壊してしまうのだが、実際には不可能だったと断言できる。

ちなみにホーガンとハンセンはその後、ビヤホールに繰り出しグビグビとジョッキの生ビールを飲み干している。後年、やけに「この場面は実話ですか」と聞かれることが多かったので、当時の新日本プロレス関係者に聞いたこともあったのだが、ホーガンはともかく、ハンセンが外で飲み歩くことはなかったらしい。ハンセンは徹底した倹約家で、自腹で飲むということはまずなかったから、ビヤホールで「ワン・モア！」と叫ぶ2人の姿も空想の産物だろうというのである。

梶原先生の想像力は無限の広がりを見せていたことになるが、こうした読者の記憶に残る数々の名場面が生まれたのも、当時のプロレスが幻想のロマンを内包していたからである。良い時代に巡り合ったことに感謝するしかない。

## 『ロッキー3』でスタローンと共演

ホーガンの代名詞であるアックスボンバーについて、本編では、ハンセンのウエスタン・ラリアットに対抗する新技としてホーガンが独自に考案したものとされている。宿泊先のホテルでソファーを吹っ飛ばしながら、腕を直角に曲げるスタイルの斧爆弾を完成させるのだが、梶原先生の原稿に隣の部屋の宿泊者が「地震だァ！」と驚く場面が入っていたため、ついオーバーな描写になってしまった。

いま読み返しても疑問なのは、ホーガンが「腕を直角に曲げる動きに手間取るため、通常のラリアットより相手に逃げられやすい」と思い悩む場面である。腕を曲げるのは瞬間的にできるはずなのに、どうして相手に逃げられるのだろう——そんな疑念を抱きつつも、描いてしまえばもっともらしく見えてくるのが我ながら不思議だった。

ホーガンは来日当初からこの技を使っていたわけではなく、本格的な使用はハンセンが全日本に移籍する少し前からだった。僕個人としては、技そのものにそれほど説得力を感じていなかったのだが、後にこの技で猪木を失神させたときには「実はすごい技だったのか?」と認識を改めさせられたこともある。

ニック・ボックウィンクルの悪徳マネージャーとして知られたボビー・ヒーナンが、ホーガン潰しのため空手特訓で金的、目潰しをマスターする物語も、半信半疑どころか「一信九疑」の気持ちだった。

だが、ホーガンvsニック&ヒーナンの1対2ハンディキャップマッチそのものは実際にアメリカで行われていたし、ヒーナンが師事したのは梶原先生と親しい士道館の添野さんの後輩という設定なので、プロレス的な話題づくりも兼ねて本当に空手特訓が行われた可能性もあり、僕は原作を信じるしかなかった。いまもって真偽は不明なのだが。

思い出深いのは、ホーガンを一躍全米スターに引き上げた映画『ロッキー3』の出演シーンだ。日本では名を知られた梶原先生だが、ハリウッドの寵児だったシルベスター・スタローンと面識がなかったことだけは断言できる。それでも撮影現場にいたかのような描写が展開できるのだから、何度も言うが大らかすぎた時代だった。

『ロッキー3』は日本でも公開されており、僕も映画館に足を運んだ。70年代に青春の時期を迎えた格闘技好きの若者で、『ロッキー』の影響を受けなかった者はいないだろう。すでに全米を代表するスター俳優となっていたスタローンと映画のなかで異種格闘技戦を戦ったホーガンは、たちまちプロレス界のトップ選手に格上げされた。そんな選手が日本で猪木と戦っていたのだから、当時の新日本は世界最高峰のプロレスをファンに提供していたと思う。

ホーガンとスタローンがリングで立ち並ぶと、その体格はまさに「大人と子ども」といった感があった。『列伝』のなかで撮影に臨んだスタローンは迫力あるシーンを撮るためにすべての技を受け、ギロチン・ドロップを食らって意識を失いかけながらも「い…いいぞッ、迫力満点！」と監督としての仕事を全うする。俳優とプロレスラーという違いこそあったが、互いの鍛え抜かれた若き肉体は、圧倒的な説得力で観る者を魅了していたように見えた。

ホーガン編は18話続き、これは『列伝』のなかでもタイガーマスク編に次ぐ人気だった。暗い過去や謎めいた秘密を持たないホーガンは、それまでの登場選手とは一味違う、職業レスラーのお手本のような選手だった。まさにいま活躍している選手を読みたいという読者のニーズとも合致したことで、ホーガンの次は「超獣」ブルーザー・ブロディの登場となる。

## 最盛期を迎えていた『サンデー』

『列伝』のブロディ編が始まったのは1981年12月のことである。ちょうどこの時期、スタン・ハンセンが全日本に電撃移籍し、ブロディとの強力タッグ「ミラクルパワーコンビ」を結成したばかりで、日本におけるブロディのキャリアは最盛期に差しかかっていた。

一方、『列伝』を連載する『サンデー』も同じくピークを迎えていた。『タッチ』『うる星やつら』の二枚看板で1983年1月には発行部数228万部を記録。当時首位の『ジャンプ』に迫る勢いで、これはいまでも同誌のレコードとなっている。

冒頭、アンドレとの「伝説の一戦」が描かれる。1978年11月、オーストラリアのシドニー市営スタジアムにおけるシングルマッチだが、後に検証されたところによれば、どうもこれはアメリカで行われた試合のことだったらしい。

この試合で、ブロディは大巨人にワンハンドのボディスラムを決めたうえ、コーナーポスト最上段からのキングコング・ニー・ドロップでアンドレを実質KOしたことになっている。勝敗については「コーナー最上段からの攻撃は禁止」というローカル・ルールが適用され、反則負けを取られた。

後にハンセンやホーガンがアンドレをボディスラムで投げたことが大きな話題となったが、僕はその前にブロディが「偉業」を達成していたとこの原作で知り、当時は大きな衝撃を受けたものだ。もっとも、このブロディのボディスラムについても証拠となる写真や映像は存在しないといい、いまもってはっきりとした結論は出ていないらしい。

ブロディの生い立ちについては、細かい相違はあるものの、作品で描かれた内容はおおむね事実である。若き日にはアメフト選手として活躍し、新聞社でスポーツライターをつとめたこともあるインテリだった。

当時のプロレス専門誌は、外国人選手の素顔についてそこそこ詳しく報じており、ブロディが記者出身であるという意外性のあるエピソードは、かなりのファンに知られていたような気がする。

連載初期のハンセン編でもすでにブロディは登場していたが、毎週のように選手の顔を描いていたおかげで、自分で言うのはおこがましいが、画力は相当向上していた。感覚としては「限りなく実話に基づいた小説」というノリで描いていたので、読者がノンフィクションと認識していたのも無理はなかったと思う。

ただひとつ、漫画家の立場として少し残念だったのは、扉のページに選手の写真が使用されることが多くなったことだ。絵を描いているのに写真に差し替えられていることがほとんどで、当時の少年漫画誌としては異例の措置だったことは間違いない。写真によってリアリティが増す効果はあるが、描き手からすると「俺の絵は必要ないのかな」とつい感じてしまうこともあった。当時の編集部としても、限りなくリアリティを追求する路線に手ごたえがあったため、写真を併用する方式を取り入れたのだろう。

親友関係にあったハンセンとブロディがシングル対決に挑む前、プロモーターのフリッツ・フォン・エリックはこんなことを語っている。

**〈それでこそ二人とも立派なプロだ! しかし、ファンは対決を望みながらも、やはりセメント(真剣勝負)かどうかを疑う…… 地元テキサスのファンは、きみらがウエスト・テキサス大学フットボール部で親友同士だったことをしりすぎとるからな。〉**

ここでエリックは、地元から離れたオクラホマ州で戦うことを2人に提案するのだが、猪木もその判断に賛同してこう言う。

**〈現在、わたしの新日本プロレスでも藤波辰巳と長州力、タイガーマスクと小林邦昭が「同門対決」で、血で血を洗っているが、だれも八百長などとは疑わぬ! 実力がすべての「過激な新日本プロレス」を長年かかってファンに信じてもらえたからだが、疑われるよりは利**

益をすて他の州で実現させたエリックは偉い‼〉

通常のプロレス誌では、「八百長」というワード自体がＮＧになっていたのだが、梶原先生はそれをタブー視することなく、堂々と「プロレス八百長説」の存在を認め、真正面からそれを否定していた。

僕はよく思うのだが、八百長というのは何らかの悪意をもって行われるものであって、プロレスを八百長と表現するのは当てはまらない気がする。敗退行為と引きかえに裏金や利益を受け取っているようなケースは八百長だが、プロレスの構造はそれと違うため、安易に「八百長」という言葉を使うことには抵抗がある。

梶原先生が伝えたかったことは、八百長を否定することではなく、プロレスを通じて、リングで戦う人間の姿をよく見てほしいということだったと思う。もちろん、それは僕が言うまでもなく『列伝』読者がもっともよく理解していることだと思うのだが――。

## 刺殺されたブロディの人生観

全日本にレギュラー参戦するようになったブロディの好敵手となったのがジャンボ鶴田だった。当時、梶原先生がジャンボ最強説を唱えていたのは有名な話で、その点、ブロディ

夜の駐車場で団体移籍について語るブロディとハンセン

と考え方が似ていたかもしれない。

まず、高身長で均整の取れた体格、しかもスピードを持ち合わせている選手。これがブロディの考える一流選手で、その点では大型選手の多かった全日本マットとの相性は良かったかもしれない。

ブロディは鶴田を一目見て、その素質に感嘆する。

**〈あのツルタてえ若いのは、アマレスのオリンピック候補だったとかいうだけあって…スピード、パワーともに本格的!〉**

梶原先生がブロディに乗り移ったコメントである。実際のブロディは、小型のレスラーを露骨に見下すことがあったとされ、新日本に移籍後は人気のあった長州と対戦しても、まともに技を受けなかったと聞いた。

良くも悪くもレスラーとしての「こだわり」を貫

いたブロディだが、その融通のきかない性格が、後に命を落とす悲劇につながってしまったことは周知のとおりである。

ブロディ編の後半では、外国人選手の引き抜き合戦の「舞台裏」まで描かれている。1981年12月、全日本の横須賀大会が終わり夜の駐車場に引き上げてきたブロディの前に、新日本に参戦していたハンセンが突然現れる。そしてハンセンは、ブロディに「全日本移籍」が決まっていることを告白するのだ。

あまりにも具体的な内容からして、僕は完全に実話だと思っていた。後になって冷静に考えれば、人目につく駐車場にわざわざハンセンがやってくることもなかっただろうと気がつくのだが、細かい設定はともかく、移籍の理由を語ったハンセンのセリフは本心だっただろう。

**〈もうひとつの大きな理由……おれはキレイゴトはいわん。金だ！　ブッチャーが金で動いたのもプロとして当然。おれも全日へ移れば契約金が入るし、ギャラもあがる……フフフッ。〉**

引き抜き戦争と同時進行で連載が進んでいた『列伝』は、プロレスファンが愛好する「リング外」の物語もしっかりとフォローしていた。まだ東スポや専門誌を買うことのできなかった『サンデー』読者に対して、梶原式のジャーナリズムはプロレス界の表と裏を伝える大きな役目を果たしていたと思う。

ブロディ編はホーガン編と同じく18話で区切りをつけることになったが、その後の「超獣」の物語はご存じのとおりである。

1985年、長年主戦場にしていた全日本を離れ、新日本に移籍。猪木とも名勝負を繰り広げたが、短期間で再び全日本へ戻った。そして1988年、プエルトリコの試合会場で選手兼ブッカーのホセ・ゴンザレスに刺され、42年の短い生涯を閉じるのである。梶原先生が50歳で世を去った、翌年のことだった。

全日本や新日本が、ブロディの処遇には手を焼いていたという話は後になってから耳にした。それでも日本マット界から追放されることなくリングに上がり続けたのは、ひとえにファンから愛され続けた選手だったからだろう。

ベートーヴェンの『運命』が流れるなか、スーツ姿で単身、新日本プロレスのリングに乗り込んだブロディの姿は、プロレスラーというよりも高貴な宗教家のようなイメージがあった。その残像は、40年近くが経過したいまも、僕の記憶から消えることはない。

## シンガポール出身のカンフー達人

『列伝』最後の登場者となったのが「東洋の神秘」ザ・グレート・カブキ（高千穂明久）だった。

カブキがアメリカから凱旋帰国を果たし、全日本のリングに上がったのは1983年2月。そのわずか2ヵ月後から連載はスタートしている。逆輸入レスラーだった当時のカブキ人気は凄まじく、話題面で新日本に圧倒されていた全日本は、このカブキの参戦でかなり持ち直した感があった。

毒霧、ヌンチャク、そして顔面のペイントという外形的な特徴は、漫画にするにはぴったりのキャラクターだった。空手殺法の使い手でもあることから、いつか『列伝』でも取り上げることになるだろうという予感はあったが、まさかこれほどタイムリーに始まるとは思わなかった。

タイガーマスクの正体が正式には明かされなかったのに対し、カブキについては第1話から、日本人選手の高千穂明久（本名は米良《めら》明久）であることを猪木が明かしている。だが、アメリカで活躍していた時代のカブキは、マネージャーのゲーリー・ハートによればこんな設定だったようだ。

**〈ザ・グレート・カブキは日本人ではなくシンガポール出身。少年時代は幸福だったが、12歳のとき、台風による山くずれが、一家を直撃。家族は全滅。奇跡的に一人だけ助かったカブキは、孤児になり放浪するうち、山中でカンフーの達人に会う。〉**

なんとも梶原先生好みの設定だが、このあとの展開はこうだ。「師匠を誤って蹴り殺してしまったカブキは18歳でプロレス転向。人気を妬まれバトルロイヤルで顔をズタズタにされたため、傷を隠すために顔にペイントを施している」——梶原先生の十八番「死のバトルロイヤル」がまたしても登場したが、これはあくまでアメリカでのギミックで、本編ではリアルな「カブキ前史」がスタートする。

実際に連載が始まってみると、カブキの難易度は想像以上だった。凝ったつくりの忍者頭巾やヌンチャク、毒霧、そして顔面のペイントなど、アシスタント任せにできない部分が多く、非常に手間がかかる。ただ、2年半にわたり連載を続けてきたおかげで、技術面では相当向上しており、作品の完成度については最初のファンクス編と比べはるかに高まっていたと思っている。

連載当初、僕はすべて自己流で作品を仕上げていたため、トーンの種類さえ定番もの以外ほとんど知らず、さまざまな表現技術についても無知だった。何の変哲もない机で作業をしていたとき、経験豊富なアシスタントが「バックライトのついたプロ用の作業台がありますよ」と教えてくれ、少し角度がついているトレース台を導入。作業効率は格段に良くなった。仕事をしながら漫画の基礎を学ぶことができたのだから、本当に恵まれた環境だったといまにして思う。

## 自分にもできた「指の第一関節曲げ」

力道山なき後の日本プロレスに入門したカブキは、梶原先生の原作によるとその後、東南アジアに遠征したことになっている。

シンガポールを舞台に武者修行を続けているとき、懐かしい名前が登場する。ブッチャー編でカラテの師匠をつとめたガマ・オテナ先生である。カブキはある試合で、ウォン・チュン・キムなるカンフーの使い手に惨敗するが、この選手がオテナ先生の弟子というのである。

「オテナ先生、また来たかあ！」

このときは「本当かよ」というより嬉しくなってしまったが、『列伝』自体が物語を再生産するモードに入り、僕はこのとき初めて「そこそこ長くやってきたんだなあ」と時間の流れを少しだけ感じた。

第6話ではシンガポールから香港に遠征したカブキが、当地で暴れまわるシーンが描かれる。書店で香港のガイドブックを買い込み、アシスタントとともに「100万ドルの夜景」や看板の林立する目抜き通りなどを研究した。

香港のリングで、カブキが指の第一関節を曲げて見せるパフォーマンスを披露する。猪木はこう解説する。

**〈これだ‼　まさに直角90度に指のツメの下の第1関節だけが曲り、第2関節から下はまっすぐピンとのばす芸当は、よほどカラテ、拳法の修行をつまぬと不可能！　現在、ザ・グレート・カブキに全米のレスラーがおびえるのも、格闘家だけに、そのことをしっているからだ。自慢ではないが……日本人レスラーでも、これのできるのはカブキ、タイガーマスク、わたしの3人のみ！〉**

「へえ、猪木はできるのかあ」と思いながら試しに自分でもやってみたが、なんとあっさり〝第1関節曲げ〟ができてしまった。だが、このことはあえて誰にも言わずにネームを進めた。僕ができたくらいなので、「自分もできる！」と驚いた読者は相当数いただろう。この秘技が「達人の証明」であるという言説が、空手界の常識だったのかは、梶原先生にも聞いたことはなく、いまも謎である。

梶原先生の作品における格闘シーンの特徴は、実際の試合の前から「戦い」が始まっているということだ。理想の勝利は「戦わずして勝つ」形なので、試合の前にどのような前哨戦が繰り広げられるか、そこを強調するのがポイントである。

カブキは香港のプロモーターから八百長試合を持ちかけられるが、それを断って現地では人気の俳優レスラーをＫＯしてしまい、そこから物語は暗転する。魔境として恐れられ

魔の都市香港でプロモーターの謀略を察知するカブキ（高千穂明久）

た「九竜街」での試合を命じられ、そこで化物レスラーと戦う羽目になるのだ。

**〈九竜街!! 香港・暗黒街の心臓部と悪名高く、観光客などは絶対に寄りつかず、警察の手さえとどかぬという無法地帯!〉**

九竜街とは、九龍城砦とも呼ばれた香港のスラム街だが、現在は取り壊され公園になっている。作品では、怪しい香港人プロモーターが「日本人の観光客が、しょっちゅうナゾの行方不明となる、この魔の都の香港で、よくやってくれた!」と凄むのだが、当時すでに香港は著名な国際的観光地で、普通の大人にとってはそこまで危険な場所と思われていたはずがない。ただ、本編でカブキが遠征したとされる時期は1960年代だったので、思い切り「闇の都市」として描いたことをお許しいただきたい。

## 届けられた「ジャンボ鶴田編」の原稿

何とかアジア遠征から帰国したカブキは末期の日本プロレスに戻るのだが、そこで目にしたものは「ダラ幹」たちの放漫経営だった。当時社長だった芳の里は、毎晩のようにカブキを銀座のクラブに誘い、散財してしまう。

これは馬場・猪木編でも描かれていたストーリーだが、ここで梶原先生はわざわざ「文責・梶原一騎」という異例のクレジットをつけてこう書く。

**〈日本プロレス界の父・力道山の死後――2代目のボスとなった怪力無双の豊登は競馬、バクチがメシより好きなギャンブル狂、そのため会社のカネを使いこんだからと、豊登を追放した3代目のボス芳の里がまた、このザマ！　他の幹部たちもシコシコ会社のカネをくすね、まさしく当時の日本プロレスはくさりきっていた!!〉**

当時、まだ芳の里、豊登が存命だったことを考えると、かなり厳しい批判であったと思う。あえてアントンマークの「猪木（談）」としなかったのは、梶原先生の配慮だったのかもしれないが、後に詳述するようにこの時期、梶原先生と新日本プロレスの間にはトラブルが横たわっており、そうした事情も作品に微妙な影を落としていた可能性がある。

馬場・猪木編では、放漫経営を続ける日本プロレスのダラ幹を一掃しようと決起した馬場と猪木が、何者かの密告によって計画を頓挫させられる物語が描かれた。カブキ編では、具体的に若き日の上田馬之助が登場し、馬場と猪木に協力するフリをして経営陣に寝返る裏切者になっている。

「幻」となったジャンボ鶴田編の扉絵を著者が再現

当事者からのクレームがあったとは聞いていないが、漫画とはいえかなりの影響力があった『サンデー』でここまで断定したストーリーがよく描けたものだと自分でも思う。当時の上田が日プロ経営陣に密告したこと自体は複数の証言があるようだが、本当に馬場、猪木が上田を許さないと考えていたとしたら、その後上田を自分の会社のリングに上げることもなかったとも思う。

カブキ編が終わった翌週、ジャンボ鶴田編の初回の原稿が届けられた。ブロディ編から3編連続で全日本の選手となったが、ジャンボは梶原先生のお気に入りだっただけに、僕としても納得の人選だった。

第1話のストーリーは、ルー・テーズ直伝のバックドロップを武器に、全日本のエースとして活躍する、現在進行形の鶴田が描かれていた記憶がある。「描きにくい」という苦手意識を克服するため、右手を高く突き上げるジャンボの扉絵に取りかかっていたところ、仕事場の電話が鳴った。

まさに自分の運命を一変させる電話だった。

## 原作者逮捕と「アントニオ猪木監禁事件」

「原田君、もう聞いた?」

担当編集者の第一声はそんな内容だったと思う。1983年5月下旬のことだった。

「先生、逮捕だって」

返す言葉がなかった。

「詳しいことは分からないけど、いったん作業は止めて。また連絡するから」

青天の霹靂とはまさにこのことだった。届いている鶴田の原稿には、異変を感じさせる要素は何もない。

「何があったんですか?」

そう聞くのが精一杯だったが、編集者は事後処理と、空いた20ページの対策で頭がいっぱいのようだった。

「こっちも報道されていることしか分からない。なんでも『マガジン』の編集に暴力を振るったらしいという話だ」

梶原先生の酒席は荒れると聞いたのは、一度や二度ではない。身長は180センチ以上、体重も全盛期で90キロ近くはあった巨漢だから、暴れようものなら一般人に止めることはできない。

何があったのかは分からなかったが、テレビをつけるとすでにワイドショーが『梶原一騎に逮捕状』の速報を流しており、僕はその報道を見守るしかなかった。

報道によれば、直接の逮捕容疑は講談社の編集者への暴行容疑だった。銀座の文壇クラブ「数寄屋橋」で、『月刊少年マガジン』副編集長と口論になったすえ、暴行を加えたという。

僕は講談社と仕事をしていなかったため直接の面識はなかったが、梶原先生と言えば講談社は『あしたのジョー』『愛と誠』を連載した、もっとも深い関係にある出版社のはずである。

事件が起きたのは4月14日の午前0時ころだという。ちょうど酒が回る時間帯ではあるが、講談社の編集者ともあろう立場で、梶原先生と口論すること自体がちょっと考えられない話だった。

僕がさらに驚いたのは、警視庁が「アントニオ猪木監禁容疑」でも梶原先生を捜査しているという情報だった。

前年の9月21日、大阪府のホテルで猪木と新間さんが、梶原先生と暴力団幹部らに「監禁」されたという。まったく知らない情報だったが、その時期はホーガン編が始まって間もないころだ。水面下で抜き差しならぬトラブルを抱えながら、そこから9ヵ月間にもわたり、平然と連載が進行していたことに僕は大きな衝撃を受けた。

編集部サイドから特に詳しい説明はなかったが、暴力団がらみの事件まで起こしてしまっては、さすがに連載を続けることはできない。これまで毎週、奮闘してくれたアシスタントにはお詫びをするしかなかった。

「とりあえず、様子を見守るしかないよ」

編集者やアシスタントはみな、そういって連載継続の可能性を含みに励ましてくれたが、僕はその可能性がないことをはっきり理解していた。『サンデー』で異色の人気連載として定着していた『列伝』は、あまりにあっけない形で終焉を迎えたのである。

## 突然の連載打ち切りに呆然

後に、当事者らが語った「猪木監禁事件」の真相を要約すると、次のような流れになる。

1982年9月21日、新日本プロレスは大阪府立体育会館で興行を開催し、アントニオ猪木はラッシャー木村と敗者が丸坊主になる「ヘアーベンドマッチ」に臨み、勝利した。しかし敗者の木村は試合後に逃走。両者の因縁はさらに増幅されていく。

一方、この日大阪では士道館関西支部道場の道場開きが行われ、梶原先生と士道館の添野義二館長、そして「東声会」元京都支部長だった唐田知明、大阪入りしていた試合前のタイガーマスクらが現場に駆けつけた。

ここでかねてより梶原先生の周辺で問題になっていた「寛水流」の話題が蒸し返される。「寛水流」とは、「東海の殺人拳」こと空手家の水谷征夫と猪木が共同で創設した空手の流派の名称である。だが、これを良しとしなかった梶原先生と士道館関係者が、暴力団幹部だった唐田を巻き込んだことから話が大きくなり、猪木の宿泊していた大阪のリーガロイヤルホテル（梶原先生の宿泊先でもあった）に全員が押しかける騒ぎとなった。

梶原先生はホテルの一室に新間さんと猪木を呼び出し、猪木はすぐに退室したものの、新間さんは明け方近くまで「監禁」されたという。この一件は当時、表面化しなかったが、講談社編集者への暴行事件と同時に「余罪」として報道され、梶原先生や添野館長らは逮捕された。

後に梶原先生はこの一件を回想し「タイガーマスクの版権料が滞っていたので、新日本に通告しようとしただけで監禁はしていない」と語っていたが、その場にいた暴力団幹部による新聞さんへの脅迫行為があったことは、当事者も認めており事実とされている。

ある時期から、アントニオ猪木の談話が梶原先生のフリーハンドで創作されていることは承知していたが、常識的に考えれば、これだけの事件が起きれば新日本側から「関係解消」を申し入れるのが普通である。

それがなされなかった理由はただひとつ、梶原先生に新日本のドル箱スターだったタイガーマスクの「引き上げ」を言い出されては困ると考えたからだろう。

梶原先生の逮捕容疑は編集者暴行、猪木監禁だけではなかった。赤坂のクラブホステスへの暴行未遂や、ブッチャーの著書『プロレスを10倍楽しく見る方法』のゴーストライター恐喝など、いくつもの容疑で再逮捕された。

突然、仕事が宙に浮いた僕は、毎日のように流れる梶原先生のスキャンダル報道をただ空しく眺めるしかなかった。すでに『サンデー』では新しい連載が始まっている。梶原先生の勾留は2ヵ月以上にわたり、『列伝』は終わった。1983年夏のことだった。

## 段ボール箱に詰まった読者はがき

あまりにいろいろなことが起こりすぎて、連載終了前後の記憶はあまりない。

梶原先生は保釈された直後の8月、壊死性劇症膵臓炎という重病で緊急入院し、生死の境をさまようことになった。

そしてあれほどかわいがっていたタイガーマスクが電撃引退を表明。素顔に戻った佐山聡は、新日本プロレスに別れを告げた。

新日本の激震はさらに続く。8月下旬にはいわゆる「クーデター事件」が発生。アントン・ハイセル事業の失敗など経営責任を問われた猪木、坂口はそれぞれ社長、副社長を退任。『列伝』の協力者だった新間さんは会社を去ることになった。

梶原先生の逮捕からわずか3ヵ月で、すべての風景が激変した。信じられない思いだった。もし梶原先生が編集者への暴行事件を起こさなかったとしても、新日本の本体に「お家騒動」が勃発すれば、当然ながら連載が続くはずもない。

「いずれにしろ、終わっていたんだな」

自分で自分に、そう言い聞かせるしかなかった。

もっとも、本音を言えば連載が終わって少しほっとしている自分もいた。毎週、休みなく3年間の連載を続けてきたが、ほんのいっときも気の抜けない状態が日常化することで、心身が疲れていたのだと思う。何十年も週刊誌の連載を続ける大御所の先生もいるが、通常はメジャー誌で3年連載が続けば良い方である。

「もともとラッキーで始まった連載だった。また別の作品にチャレンジすればいいだけじゃないか」

それもまた嘘偽りない本当の気持ちだった。

連載が打ち切られ、継続の見込みも途絶えたとき、編集部から段ボール箱に入った読者はがきが送られてきた。何百通、いや何千通とある少年ファンからの応援はがき……色鉛筆を使って器用にタイガーマスクの絵を描いてくれた少年のはがきを見つめながら、「なんでこれを早く見せてくれなかったのだろう」と少し恨めしく思った。

自慢にもならないことだが、僕は一度たりとも締め切りの時間を守らなかったことはなかった。「漫画家としては珍しいよ」と言われたが、編集者がじっと横で待っているような状況では焦って描くことができないため、原稿を渡す時間だけは守るようにしていたのである。その意味では優等生だった僕は、良くも悪くも編集部が叱咤激励する必要のない「放置推奨」の漫画家だった気がする。

もう少しキャリアを積んでいれば、ある程度の要望や意見を編集部サイドに伝えることができたのかもしれない。しかし、そうなる前に連載は終わってしまった。頼れる大きな存在だった梶原先生は、すべての媒体から仕事を打ち切られている。残されたコミックスの仕事などをこなしながら、僕はまた10年前のように、自分の身の振り方を考える日々に舞い戻ったのだった。

第7章

# 『男の星座』

■男の星座　未完■

## 自力で長州を取材し新連載をスタート

『列伝』の連載が終了してから約1年後、コミックスの仕事も消化した僕に『サンデー』編集部からこんなお声がかかった。

「梶原先生の逮捕は残念だったが、せっかくの人気連載をこのまま終わらせてしまうのはもったいない。猪木も新日本に復帰したし、長州や藤波も元気だ。自分で取材してプロレスを描いてみないか？」

梶原先生の原作あっての『列伝』だということは自分でも十分に分かっていたし、僕ひとりの力でもやれるといった不遜な考えを持ったことはなかった。その一方で、漫画家としての自分がどのような方向に進むべきなのか。ただ迷っているよりも、仕事をしながら考えたほうが良いという思いもあり、僕は編集部の提案を素直に受け入れることにした。

説得力のあるプロットを作り上げるには、やはり人生経験や教養といったモチーフの材料が必要になる。自分でプロレスを取材しながら、週刊誌の連載をこなすとなると、相当な力量を要求されることは分かっていた。だが、そこから逃げていても未来は開けない。

こうして『列伝』の続編とも言える『プロレス大勝負』の連載が始まった。

『列伝』時代にお世話になった小学館のプロレスカメラマン、木村盛綱さんが小学館の社名が入った自分の名刺を手渡してくれた。

「原田君、取材現場に行ったらこの名刺、選手に渡してよ。多分、言うこと聞くからさ」

力道山時代からプロレスを撮影しているベテランの木村さんである。僕は黄門様の印籠を預かったような気持ちになり、勇気を出して新日本のシリーズに同行、選手への取材を開始した。

当時、プロレス界でもっとも旬な選手と言えば「革命戦士」長州力だった。藤波との「名勝負数え歌」を経て、長州は新日本のトップに君臨する猪木にも牙を向く維新軍のリーダーとして時代の寵児となっていたように思う。

連載がスタートする前、新日本の巡業に同行し、試合そのものもさることながら、選手のコメントを拾い、ドキュメンタリー形式のストーリーを目指した。とはいえ、梶原先生のような野性味溢れるセリフ回しを模倣することはとうていできない。原作はまったくの自己流である。

4月19日、蔵前国技館で行われる正規軍vs維新軍の「5対5勝ち抜き戦」を何話かに分けて描くため、僕は両軍の行動を追いかけた。

「あの、小学館の雑誌で漫画を描いてる原田と申します。少しだけお話を……」

巡業先で、まずは正規軍の選手本人に声をかけながら、自分の名刺と木村さんの名刺を一緒に差し出す。ところが、本人からは「これを出せばどこでもＯＫだから」と言われた木村さんの名刺がことごとくハネ返されるのだ。

「小学館って何?」

「漫画? 聞いてねぇなあ」

いちばん気難しかったのは「5対5」には出場しない木戸修だった。おそらくファンが寄ってこないように不機嫌そうなオーラを出しているだけなんだと思い、勇気を出して挨拶しても「なんだそりゃ」と目もくれず、名刺すら受け取ってくれない。

「ホントに機嫌が悪いんだろうか……」

取り付くシマがないとはまさにこのことである。タイミングが悪かったのかと反省したが、何度トライしても同じだった。

その点、フレンドリーだったのは維新軍だった。大阪から四国へ移動するプロペラ機のなかで、あとで取材しようと考えていた小林邦昭がなんと機内で隣の席に座ってきた。間近で見ると、やはり胸板は厚く体はゴツい。

「いまだな。いまいくべきだな……」

チラチラと横目に本人を見ながらそうは思うのだが、なぜか雰囲気がピリピリしており、声をかけられない。機を逸した僕は、逆に自分の存在に気付かれないように息を潜めて取材者の気配を消した。

四国に到着後、改めて宿舎を訪ね、小林邦昭に声をかけると「虎ハンター」として名を馳せた悪役のイメージとは裏腹に、笑顔を見せてくれた。

「ああ、さっき飛行機で隣でしたよね。どうぞ、何でも聞いて下さいよ！」

しっかりバレていたのだ。自分の力だけで連載をこなす必要があった僕にとって、こうした対応がどれだけありがたかったか分からない。

主役の長州力も協力的だった。名刺を渡したときは忙しくても「ウン、サンデー。宿どこですか。後で電話するから」と約束してくれ、実際に試合が終わると本人が電話をくれた。後に新日本で実権を握るようになった長州は、どちらかというと気難しく、取材に協力的な選手ではないという声も聞いたが、少なくとも当時は人気もあるし、話もできるという好印象しかなかった。

何とか梶原先生からの独り立ちを目指した『プロレス大勝負』だったが、残念なことに10話で終了となった。アンケートの人気が上位に浮上しなかったのは、ひとえに僕の実力不足だった。本職の記者ではなかった僕のにわか取材では情報が不足しており、リアルなノンフィクションとして描くには、ストーリーに奥行きがなかったことは明白だった。

「やはり、梶原先生がいないと難しいのか……」

このとき、僕は無意識のうちに梶原先生の影を追っていた。

## 仙人になった梶原先生

1984年末、新宿の京王プラザホテルで作家や漫画家を集めた小学館恒例の忘年パーティーが開催された。『プロレス大勝負』の連載が終わった僕も、担当編集者の誘いで会場に顔を出すことにした。

「原田君か。久しぶり」

後ろから声をかけられ、驚いた。杖をついて歩く男性は、仙人のような姿になった梶原先生だった。

「先生！　お久しぶりです」

この年秋、ジャンボ鶴田の結婚式に呼ばれたときの梶原先生の写真を雑誌で見ていたが、真っ白なスーツに茶色くなった顔、そして60キロにまで落ちた体重とその風貌は激変しており、目の前に現れた先生はまさにインドの高僧だった。

「いろいろ悪かったな。何しとるんだ、いま」

僕は素直に答えた。

「ええ、無職といいますか……素浪人みたいなものです」

すると、梶原先生が「分かってるさ」と言わんばかりにこう切り出した。

大病から復帰した頃の梶原一騎　©木村盛綱

「俺の引退作品がよ、もうすぐ始まるんだ」

「えっ！　新しい連載ですか」

「ああ。これをやってくれよ」

梶原先生が左手で絵を描くような仕草をした。

あまりの急な展開に、言葉も出なかった。梶原先生の自伝、集大成となる作品が始まるという。このときまだ媒体は正式に決まっていなかったが、候補となる雑誌はいくつかあるようだった。梶原先生のオファーは相談ではなく命令形だったが、僕に断るような理由は何ひとつなかった。

「分かりました。準備しておきます」

「最後に全部出すからよ。頼むな」

梶原先生はそれだけ言うと、サングラスの奥の目を少し細めて、杖をつきながらゆっくりとその場を去っていった。

劇画原作者・梶原一騎の集大成……いったいどんな作品になるのだろうか。僕は全身に新たな力が漲るのを感じていた。

ちょうどそのころ、梶原先生が一連の事件やこれまでの人生を回顧した『反逆世代への遺言』(ワニブックス)が出版されていた。僕は神保町の古書店に繰り出し、さまざまな女優の写真集を手にとって見た。梶原先生が逮捕された当時、週刊誌で交際関係が取りざたされた女優の池上季実子や島田陽子などである。

「全部出す」というからには、僕にとっては鬼門のラブシーンが出てくるかもしれない。そうなる前に、先回りして練習しておこうという魂胆だった。

新連載『男の星座』はどのようにして決まったのか。後になって担当の編集者から詳細を聞くことができた。

当時、事件の当事者となった講談社や小学館など大手出版社が梶原先生と距離を置くなかで、日本文芸社の『漫画ゴラク』の阿部林一郎編集長が「引退作の掲載」を引き受けたという。『漫画ゴラク』は歴史の古い青年漫画誌で、梶原先生もかつては『若い貴族たち』や『斬殺者』といった作品の原作者として連載陣に名を連ねていた。

もちろん「大手が引くならウチにとってはチャンス」という打算もあったとは思うのだが、それでもまだ逮捕から1年半、当時の梶原先生は被告人の立場であったから、編集長としてもそれなりの覚悟を決めて引き受けたことは間違いなかったと思う。

## 最大の理解者「篤子夫人」との生活

1985年の年頭、僕は再び練馬にある梶原先生の自宅を訪れていた。かつてのような「編集者詣で」の光景はなかったが、昔からの空手関係者のほかに、「糟糠の妻」である篤子夫人がいたのには驚かされた。聞けば、1964年に結婚した篤子さんとは70年代初頭に離婚したものの、最近になって復縁したという。

「古女房とヨリ戻してよ」

梶原先生は、少し言い訳がましくそんな説明をしていたが、篤子さんのふるまいには長いブランクを感じさせる不自然さはなく、まるで長年そこに住み続けていたかのような落ち着きがあった。

空手関係者たちと梶原先生が、なにやら猪木の話をしているのを耳にした。

「猪木の野郎、スポンサーの前では相手がカネを出すというまで、絶対に下げた頭を上げないと聞きましたよ」

どうも、監禁事件に関する話題になって、その場にいない猪木の悪口大会になっていたようだが、梶原先生はそれを面白そうに聞いているだけで、自分から猪木を批判するようなことはなかった。

僕は改めて『列伝』の連載が終了した後のことを報告した。

「編集部から、プロレス漫画の続きをやらないかと言われまして、自分でやってみたのですが……長く続きませんでした」

「そうか」

「それでも、選手からもいろいろ話を聞くことができて、勉強になったと思っています。みんな『スーパースター列伝』、読んでましたよ」

するとと梶原先生は意外そうな顔をした。

「そうか?」

「だって、僕は長州本人から聞かれたんですよ。『梶原一騎さんってどういう人なの?』って」

「そうかい。それで俺は、どういう人なんだよ」

「何と言いますか……子どもがそのまま大人になったような人ですよ、と答えました」

梶原先生は一瞬「ウヌッ」とした表情を浮かべたが、会話を横で聞いていた篤子夫人がすかさず助けに入ってくれた。

「あら、そのとおりじゃない。ねえ、そうでしょ。そうですわよねえ」

梶原先生は強すぎる夫人を前にして、声を絞り出すしかなかった。

「……ま、まあ、そうだな」

梶原先生が事件を起こし逮捕されたとき、これまで先生の作品を受け取っていた出版社の雑誌でさえ、「堕ちた劇画王」「梶ワル一騎」と書き立て、すでに別れていた台湾人妻の白冰冰は、台湾まで押しかけた日本の記者に、梶原先生の女性趣味を暴露していた。

そんなとき、篤子夫人はテレビに映った梶原先生の表情を見て「彼の気持ちは私にしか分からない」と感じたという。その後大病を患い、奇跡的に生還した梶原先生を支えるため、再び結婚するという道を選択した篤子夫人は、女性でありながら、梶原イズムの中核である「男気」を体現するような、清々しい人間性を感じさせる人だった。

## 講談社編集者と銀座クラブで再会

「梶原一騎の引退作」として始まった『男の星座』の連載は1985年5月に始まった。直前の3月、梶原先生が被告人となっていた刑事裁判の一審判決が言い渡され、懲役2年、執行猶予3年の有罪判決が確定した。

作品のタイトル『男の星座』は秀逸だった。梶原先生の代表作『巨人の星』は、まだ自転車で移動していた若き日の梶原先生が深夜、夜空を見上げて満天の星を眺めたときにひらめいたものだったという逸話がある。ロマンチストだった梶原先生にとって、宇宙をイメージする「星座」はぴったりの言葉のように思えた。

『ゴラク』編集部にもこの作品にかける意気込みが感じられ、僕の原稿料は『列伝』終了時と同水準の金額に設定してくれた。もちろんこれは、梶原先生が編集サイドに働きかけてくれた結果である。

「先生、写真集をいろいろ買って準備しておきました。もしかして女優さんが出るんでしょうか」

すると梶原先生は「まいったな」といった調子でこう言うのだ。

「バカ野郎。こんなのいらねえからしまっとけ」

猛獣時代の梶原先生なら激怒していたかもしれないが、この頃は温厚な草食動物といった感じで、周囲に見栄を張る様子もなく、自分のすべてをさらけ出すような強さ、優しさが感じられた。

連載が始まるころ、梶原先生に呼ばれ銀座のクラブに同行したことがあった。

すでに体調は優れず、以前のように毎晩酒を浴びるように飲むという生活とは無縁だった梶原先生だが、それでも行きつけだった酒場には時折顔を出し、会話を楽しんでいたように見えた。

梶原先生が向かった店は2年前、編集者暴行事件の現場となった高級クラブ「数寄屋橋」だった。あれだけ世間を騒がせた事件だったにもかかわらず、出入り禁止になるわけでもなく、ママや常連客たちが自然な姿で梶原先生を迎え入れているのを見て、僕は文壇クラブの懐の深さに感慨を覚えていた。

「先生、いまロード・ウォリアーズってコンビが日本で人気なんですよ。あれなんか『列伝』向きで、やれたら最高でしたよね」

「どんな奴らだ？」

「なんでも、スラム街でネズミ食って生活してたって……」

そのときである。ママの表情が少し曇った。

「あらあら……大変、大変」

ママはつとめて冷静に、店の入り口のほうへ足を運んだ。すると、梶原先生がグラスを高く上げて、入店してきた客に合図している。

信じられないことに、入ってきたのはまさにこの場で梶原先生に殴られた講談社の編集者、飯島利和さんだった。もちろん2人は待ち合わせていたわけでもなく、偶然に起きたニアミスである。

店内に緊張が走り、一瞬静まり返った。心配するママを制するようにして、飯島さんが梶原先生に近づき挨拶した。

「どうも、その節は失礼いたしました」

梶原先生も偶然すぎる再会を面白がっていた。

「俺、殴ってねえよなあ」

「殴って……ません！」

その場の緊張が解けた。

「フフフッ、いろいろ悪かったな。元気でやってるのか」

「元気でやっております。先生もお体のほうは」

「このとおりだ。もう俺は引退するんだよ」

まるで懐かしい友人同士が出会ったような会話である。梶原先生と断絶し、その後和解しなかった関係者も業界には多数いたが、おそらく全力で殴られたにもかかわらず、堂々と先生に挨拶した飯島さんの心意気は立派だった。

編集者暴行事件について、僕はその詳細を知らない。ただ、飯島さんが悪意のある暴言を放ったのではなく、かつて『マガジン』で連載した不朽の名作に匹敵するような新作を期待しているという趣旨の発言をしたところ、梶原先生が「いまは落ちぶれている」といったニュアンスに受け止めてしまい、激高したと聞いた。

それにしても、ケンカの後にやがて相手を認め、友情を深めるというストーリーは『列伝』でもさんざん描かれた梶原先生の得意技である。篤子夫人の場合もそうであるし、ちばてつや先生もそうだった。こんなところで梶原イズムの神髄を目の当たりにするとは思わなかったが、僕は、梶原先生と本気のケンカができた編集者が少しうらやましいと思った。

## 主人公「梶一太」に託した思い

「梶原一騎人生劇場」と銘打たれた『男の星座』は、主人公の「梶一太」の生い立ちから始まっていく。力道山や木村政彦、大山倍達といった格闘家たちが実名で登場し、まさに実質的な自叙伝になると思われた。

『列伝』のときと比べて、原作の原稿は少し文字が薄めになっている印象こそ受けたものの、僕はすぐに週刊誌連載の感覚を取り戻し、毎回、最初の読者として原稿を読むことができる喜びに浸ることができた。

ただ、梶原先生の体調はそれほど良くなかったらしい。連載中、僕はヘルニアを患い、どうしても描くことできなかったため「1ヵ月ほど休みたい」とお願いしたことがあった。梶原先生が認めてくれるか心配だったのだが、仕事場に電話がかかってきてこう言われた。

「ああ、こっちもひと月休めるからな。無理せずやろうや」

このときは、助かったという思いと、梶原先生の体の心配が同時に去来した。一時期よりは健康状態が良化していたとはいえ、病身に週刊誌連載はやはり酷である。

自伝的な内容を軸に物語が進むと思われた『男の星座』だったが、途中から梶一太とは無関係のストーリーが長くなり、編集部内にもスピードアップを促す雰囲気があったのは事実だった。おそらく梶原先生には「脱線」という意識はなく、「最後に表現しておかなければならないこと」が次々と想起されてきたのではないかと思う。

主人公・梶一太の描かれ方は、泥臭く、孤独で、挫折とコンプレックスに満ちたものだった。自分の人生を描くとき、ここまで弱さ、カッコ悪さを包み隠さず明かす梶原先生に、僕は『列伝』におけるさまざまなシーンが二重写しになって見えた。

世の中に、負い目を持たず生きている人間などいない。弱さ、醜さを内包する人間存在を全面的に肯定する『男の星座』のストーリーは、まさに人間賛歌、人生の応援歌であるように感じた。

スポーツや格闘技を通じ、さまざまな作品を世に送り出してきた梶原先生だったが、本当の「強さ」とは、必ずしも相手を倒す力だけを意味するものではない。

自分の弱さを知り、それを認めることができる精神こそ、「強さ」であり「男気」なのだという熱い気持ちが、僕にはヒシヒシと伝わってきた。

## 自ら命を絶った「ジャニーさん」

いまでも忘れられないキャラクターがある。「ジャニーさん」という名のオカマのおでん屋だ。旧ジャニーズ事務所の性加害問題が大きな社会問題になってからというもの、こ

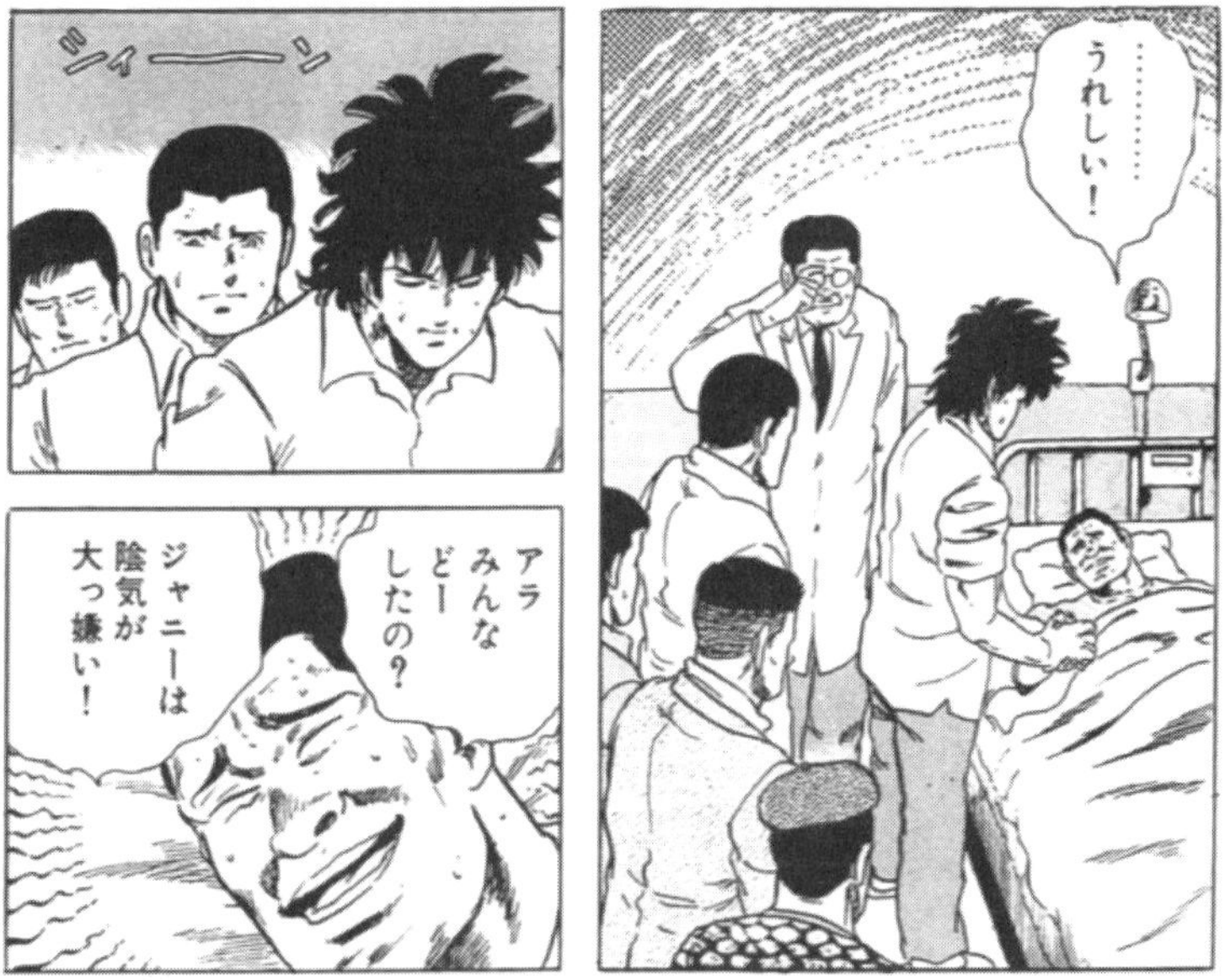


「ジャニーさん」の壮絶な最期

の登場人物について「梶原先生の真意はどこにあったのか」という質問をかなり多く受けた。具体的なモデルや意図について本人に聞いたことはなかったが、おそらく芸能界にも通じていた梶原先生のこと、ジャニー喜多川のイメージが頭の片隅にあったことは間違いなかったと思う。ただし、作品中の「ジャニーさん」との共通点は、同性愛者であったことだけである。

かつて赤坂で人気のゲイバーも経営したことのあるジャニーさんは、覚せい剤事件で逮捕された後、おでんの屋台を引きながら大山空手道場の若き門下生、春山章に一方的な恋心を抱いていた。春山は『空手バカ一代』に登場する有明省吾と同じ設定のキャラクターで、春山一郎という実在した門下生がモデルとされている。

ジャニーさんはかつて自身が経営していたゲイバーを乗っ取った「リズ」とのトラブルから暴力団に襲撃され、おでん屋を廃業。失意のどん底から立ち直れず、5階建てのビルから飛び降り自殺を図る。

梶一太と春山は病院に駆けつけるが、すでにジャニーさんは虫の息だった。春山がジャニーさんの手を握ると、彼は意識を取り戻し「うれしい！」とつぶやく。静まり返った病室で、ジャニーさんは最後のカラ元気を出した。

**〈アラみんなどーしたの？　ジャニーは陰気が大っ嫌い！　面白可笑しく生きよーとしたわ……そーもいかなかったけど…………でも……せめて最後ぐらいは陽気に見送って………所詮この世は泣き笑い……〉**

死を前にしたジャニーさんの姿を目の当たりにした梶一太は心の中で叫ぶ。

**〈こ……これはこれで一種のサムライ！　死の淵でまで現実を笑いのめそうとはッ〉**

そして息絶えたジャニーさんを、今度は春山が抱きかかえ、涙を流しながら「あーらえっさっさ！」と安来節のかけ声を叫んで振り回す。春山の腕の中で激しく踊るジャニーさんの亡骸――せめて陽気な死にざまを完成させてあげようとした春山の「魂の乱舞」だった。

僕は、梶原先生が死と向き合っていることを感じ取っていた。原作の文字にはかつてのような筆圧がなくなり、哲学的な描写が多くなっていた。人生の最後にマイノリティの意地を見せた、悲しくも心を打つシーンだった。

「オカマ」の道を貫いたジャニーさんの死に際は、梶原先生の考える「あるべき最期」が象徴されていたのではないかと思う。自分の愛、自分の生き方を大切に――僕にはそんなメッセージが隠されているように思えた。

## 最後に届いた「血染めの原稿」

１９８７年１月、編集者から「最後の原稿」を手渡された。それまではコピー原稿を受け取っていたが、最後はなぜか生原稿が渡された。

「先生から、これで最後になるということです。突然ですが、何とか形にまとめていただけるようにと……」

連載開始から約１年半、ついにそのときがやってきた。手に取った原稿には、何点かの小さな赤い血痕が染みついていた。点滴を外した際についた飛沫のように思われ、病室で書かれたことが推察された。

まさに命を削って書き進められていたシナリオだったが、ストーリーはまだ梶原先生が劇画原作者として名を馳せる前の時代にとどまっていた。創刊間もない『少年マガジン』の編集長が、プロレス漫画（『チャンピオン太』）の依頼に来るというシーンだから、まだ力道山が存命だった1961年の話である。

最終話の作業を進めていた1月21日、編集部からの電話で梶原先生の訃報に触れた。50歳の若さだった。覚悟はしていたが、それにしても急だった。

僕は連載最後のページの見開きで、講談社の社屋をバックに、『あしたのジョー』『巨人の星』『愛と誠』ほか、その後生み出された数々の名作を配置したうえで、「未完」の二文字を入れた。

梶原先生も心残りではあったと思うが、その後の華々しい活躍はこれまでも語られてきたし、何より作品の形で残されている。劇画原作者・梶原一騎の「原点」を描き切れたという意味では、未完の『男の星座』にも少なからぬ価値があると僕は自負している。

2月3日、真冬の青山葬儀場でキリスト教式の葬儀が行われた。劇画よりも劇画的な人生を送った梶原先生であったが、僕にとっては人生の道筋をつけてくれた大恩人である。

「辞世の句」は次のようなものだった。

『男の星座』最終盤に描かれた梶原一騎

## 〈吾が命 珠の如くに慈しみ 天命尽くば 珠と砕けん〉

まさに「珠と砕けた」人生だった。しかし、それが本望でもあったのだろう。梶原学校の最後の卒業生として、僕は先生が生きているうちに伝えたいことがあった。それは『列伝』のことである。

連載が終わってから、非常に多くの読者が作品を愛読してくれていたということを僕は初めて知った。プロレスの試合を愛するのと同じくらいの情熱で『列伝』を読んでくれている少年ファンが、梶原先生や僕にはがきでエールを送ってくれていた。

連載が終わった後も、コミックスは売れ続けた。事件があっても「作品は作品」として、その価値が落ちることはなかったのである。

おそらく梶原先生はそのことを十分には知らなかったと思うし、特に大病を患ったあとは、思い出すこともない作品になっていた可能性がある。

しかし、僕はこう伝えたかった。

「梶原先生と言えば『あしたのジョー』や『巨人の星』。ただ80年代のプロレス少年にとっては、『列伝』こそ梶原一騎の代表作。それくらいの力がこの作品にはあったと思うんです」

もし、梶原先生がそれを聞いたら「妙なコトを言いやがるッ」と笑われるかもしれない。でもこれは僕の自画自賛ではなく、本当のことなのだ。

梶原先生の長いキャリアのなかで、『列伝』という作品はどのような位置づけだったのだろうか――そう考えたことがある。僕にとっては青春のすべてであり、漫画家としての生き方を教えてくれた「聖書」だったが、梶原先生本人に聞いたことはない。

だが、もうその答えは必要ないのかもしれない。これだけ多くの読者が、この作品を愛してくれたのだから。

『列伝』は時代のなかで生かされた奇跡の作品だった。プロレスがもっとも輝いた80年代、この漫画を読んでくれた少年ファンはいわば「時代の目撃者」である。梶原先生の才能と、すべてを許容したプロレスの包容力、そしてときに厳しく作品の仕上がりをチェックする数百万人の読者が、三位一体となって『列伝』を創り出した。

僕はただ、この作品に関わることができた幸運に感謝を捧げるしかない。

# 『列伝』よ、永遠なれ

——梶原一騎先生に捧げる

作・画　原田久仁信

シンガポール
ウビン・アイランド
セイッ
セイッ
セイッ
先生！
君は……
アマーラ君
じゃないか！
いや、失礼
アブドーラ君!!
すっかり
御無沙汰で！
君の活躍は
知っているよ！
オテナ
先生に
教わった
カラテの
おかげです
ニヤッ

ザクッ
ザクッ
いまでもできるかい？
グフフッ先生！
こちとらもう引退してますぜ老木にはとてもとても……
ちょうどよかった君に会いたがっている人がいる
だ、誰です？
アッサラーム！
グフフッ
久しぶりだなブッチャー！
ザ・シーク!!
なぜあんたがここに……!?

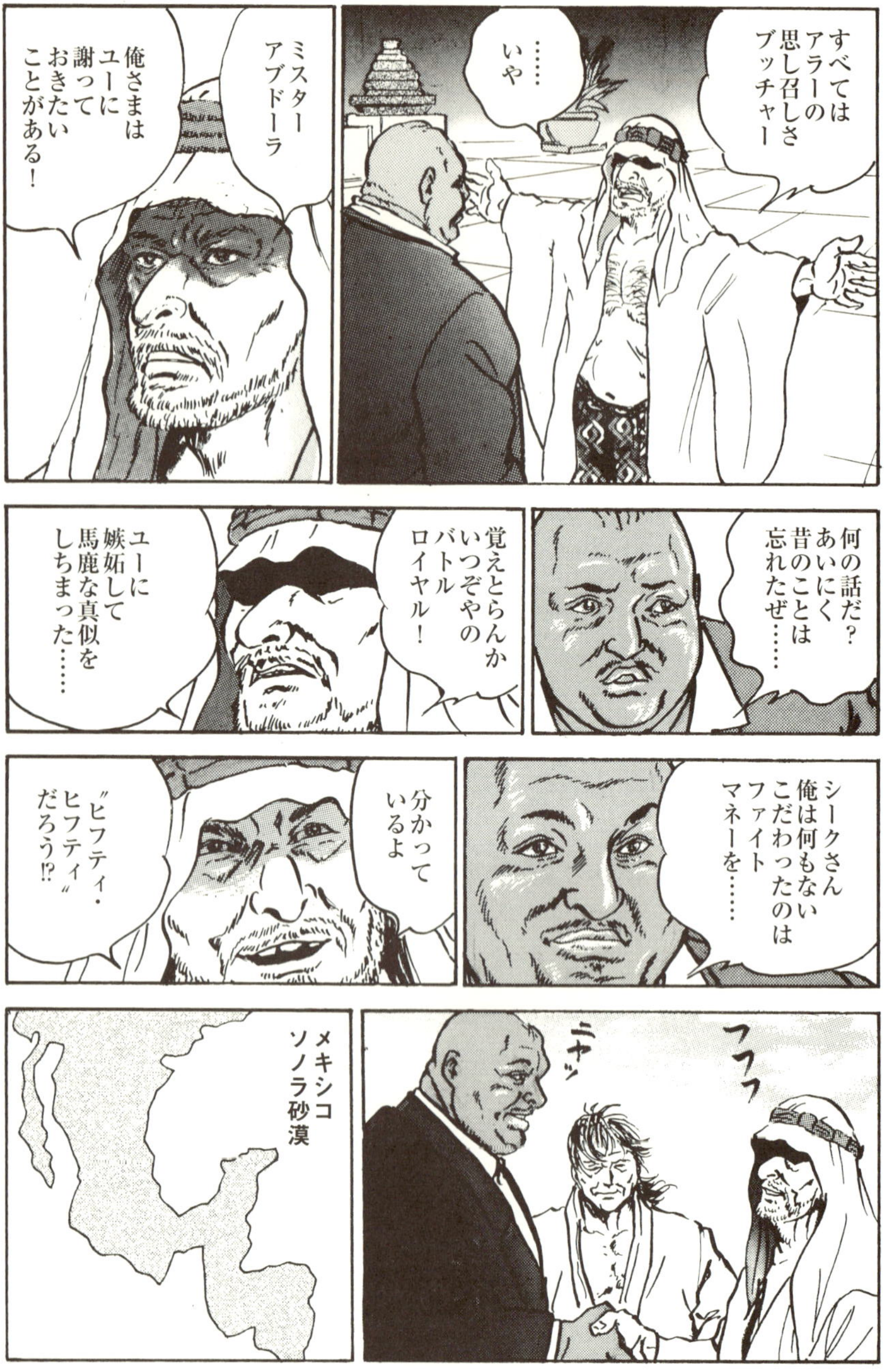
すべては アラーの 思し召しさ ブッチャー
……いや
ミスター アブドーラ
俺さまは ユーに 謝って おきたい ことがある！
何の話だ？ あいにく 昔のことは 忘れたぜ……
覚えとらんか いつぞやの バトル ロイヤル！
ユーに 嫉妬して 馬鹿な真似を しちまった……
シークさん 俺は何もない こだわったのは ファイト マネーを……
分かって いるよ
〝ヒフティ・ヒフティ〟 だろう⁉
ニヤッ
フフフ
メキシコ ソノラ砂漠

ブロロロ……
兄さん もうすぐだ
思い出した あの山だ！
俺を危機から救ってくれたウラウナ火山……
奇跡の鉱泉！
ついにもう一度やってくることができた！
ああ！行こう！

待っていたぜ
アミーゴ‼
ああッ
お前は！
〝不死身仮面〟
アズテカ
じゃないか！
グフフッ
今日は
大盛況の
ようだな
仮面貴族の
お出まし
ですぜ！
あれは
デスト
ロイヤー！
そして
エル・サント……
なぜ
あなたたちが
ここに⁉
まあ入れよ
ブラザー！
くたびれた
体を少しは
いたわって
やるがいい

エル・サント
先生……
私はあなたの
背中を
追い続け
闘って
きました！
しかし
マスクを
脱ぐときが
近づいた
ようです
それは
違うぞ
マスカラス君
マスクマンの
辞書に引退の
2文字はない！
エル・ドラードの
生ける伝説……
それが
〝千の顔を持つ男〟
のいきざま！
サ……
サント
先生！
〝仮面貴族〟は
永遠なり‼

フランス
オート＝ピレネー県
よう
アンドレ
今日も
精が出る
こった！
ああ！
俺も早く
切り上げて
ビールでも
飲みてえさ！

トン
探したぜ
ジャイアント……
スタン!!
……
それに
ハルク!!
ガッチャ!
あんたらが
なぜここに
……

一人寂しく飲むもんじゃねえ！
俺らが昔話でもしてやるさ！
ニュージャパンの田園コロシアム覚えてるかい？
オフ・コース……俺たちはあのとき若かった
老いぼれのユーはまだ俺をボディスラムできるか？
ハルクと2人がかりならな！
ニヤッ
ハハハ

世界中を旅して酒を飲み……ときどきリングで暴れてやった
後悔することは何もないここが人生最後の安住の地だ！
オット！
ビールがないぜスタン！
ワン・モア!!!

日本
新宿・伊勢丹前
エクスキューズミー……
〝イセタン〟はどこですか
目の前のデパートでさ！
お客さん日本は初めてで？
いや……
昔はビジネスで何度もね
磨いてくれ！
クックッ……
つい懐かしい場所に来てしまったのかい……タイガーよ！

あッ！
あんたは上田馬之助!!
相変わらず羽振りが良さそうだな！
こちとらいまや一介のクツ磨きよ！
……
タイガーよ
猪木を探してるんだろ顔に書いてあるぜ！
ウエダ……あんたはかつて……
クーデター計画を団体の上層部に密告したとかで
イノキを裏切ったと聞いたが？
それは大昔の話よ……
だがタイガーこれだけは言っておくそれは誤解だ！

猪木は分かってくれている！
そうか……ザッツ・グッド！
さあおわった！
ハウ・マッチ？
お代はいらねえさタイガー！
そのかわりまたいつかリングに上がり猪木の野郎を一緒に痛めつけようや！
ニカッ
アメリカ ニューヨーク

ようこそいらっしゃい……
アップル・ジュースとチリドッグ急いでくれるか？
お安い御用で！
失礼ですがお客さん何のお仕事を？
しがない新聞記者で……

あなたは！〝鉄の爪〟フリッツ・フォン・エリック⁉
フランク！いつから昔の仕事に戻ったんだ？
ああ！
俺たちも知りてえな！
ザ・ファンクス！なぜニューヨークに⁉

忘れもしないオールジャパン〝最強タッグ〟のお返しさなあテリー？
そうとも兄さん
こちとら乱入したスタンにラリアットを食らったからな！
てっきりテキサスの化石になったと思っていたぜ……
これまたとんでもねえ兄弟に出くわしたな
憎まれ口は健在だなキングコング！
ここで語ろうか「俺たちの時代」をな！
それなら俺もお呼びかな
久しぶりだな相棒！
ジミー!?
グフフッ
役者がそろったな！

同窓会をやるなら俺も入るぜ！

エリックさん！

テキサスのバーボンを出してくれますか！

偏屈者のブロディよ日本での人気じゃお前が一番だ！負けたよ！

フハハハ！ドリーのおっさんが人を褒めた！今夜は月が地に堕ちるかもな！テキサスに乾杯‼

香港
九龍城砦
!
あなたは……
変わらないな
ジャパニーズ・
デビル!

ウォン・キム・チュン先生！
また お会いするとは！
なあに 昔を思い出してね……
フフフ…
ここに来れば カンフーの血が騒ぐだろう！
フフッ 昔取った杵柄ですよ 先生
ワシも一杯 よろしいかな
ああッ！ あなたは日プロ 芳の里社長！
グッフッフ……！

高千穂よ……
よくぞ世界に日本プロレスの魂を見せつけてくれたな!
あの頃はいろいろあったが……
感謝していますよ社長
馬場さん、猪木さんはあなたを〝ダラ幹〟と呼んだ……
ただ日プロの日々がなければ〝東洋の神秘〟は生まれていなかった!
ジャラ

ヴオッ
また
どこかで……

ブラジル
サンパウロ
おい……見ろよ！
やけに大きな男がこっちに来るぜ！
……
あれは……
CAFÉ DO BRASIL

馬場さん！
リングを降りた寛ちゃんが何をしているのか気になってね
それにしても暑い！
少し休ませてもらおうか……
も、もちろん！何もないところだが……
コーヒーと葉巻ならいくらでもッ！
寛ちゃん手が傷だらけだな！

少年時代に戻ったのかい？
なあに
こんなのかすり傷ですよ！
どうも俺は……
ここでの生活が合っているみたいだ！
ははッ
闘魂いまだ消えず！か……
いま何と闘っている？
ムフフなんでしょう……
馬場さんは？
難しいことを聞くなあ寛ちゃんは……
聞いたのは馬場さんでしょう？
よう！やっとるな！おふたりさん!!

コッ……これは!!力道山先生!?
ワシのシゴキに耐え抜きよく闘い抜いたな
お前たちワシを憎んだか……?

……
ワシにとってプロレスは……
人生のすべてだった！
馬場よ猪木よ
お前たちにとってプロレスとは何だったのか？
……もうその答えは必要ないだろう！
行こうかトルコ！

ヒョオオーッ
メキシコ
タイガー・ホール
タイガーッ！
トウーッ
先生!!

トッ
オオッ！ビバ・ティグレ！
スタッ
先生！お変わりありませんか
ああ 元気だとも！
ガシッ
改めて確信した
君こそ……

史上最高のプロレスラーだ！
私は先生から生み出されたいわば息子……
偉大な親を超えることは絶対にできません！
フフッ……少し歩こうか

タイガーよ……
君には素顔というものがあり虎の仮面は仮の姿に過ぎない
そうだな？
ええ、そのとおりです
この仮面が重荷になったこともありました
そうか……
悪いことをしたな許してくれよ
……

本当の自分として生きたいと思ったことは？
ありますか……
でも私はいまでもマスクを捨てていない
それが答えです！
ど…どうしてマスクを捨てなかったんだ？
タイガーマスクが……
私の人生そのものになったのですよ先生！

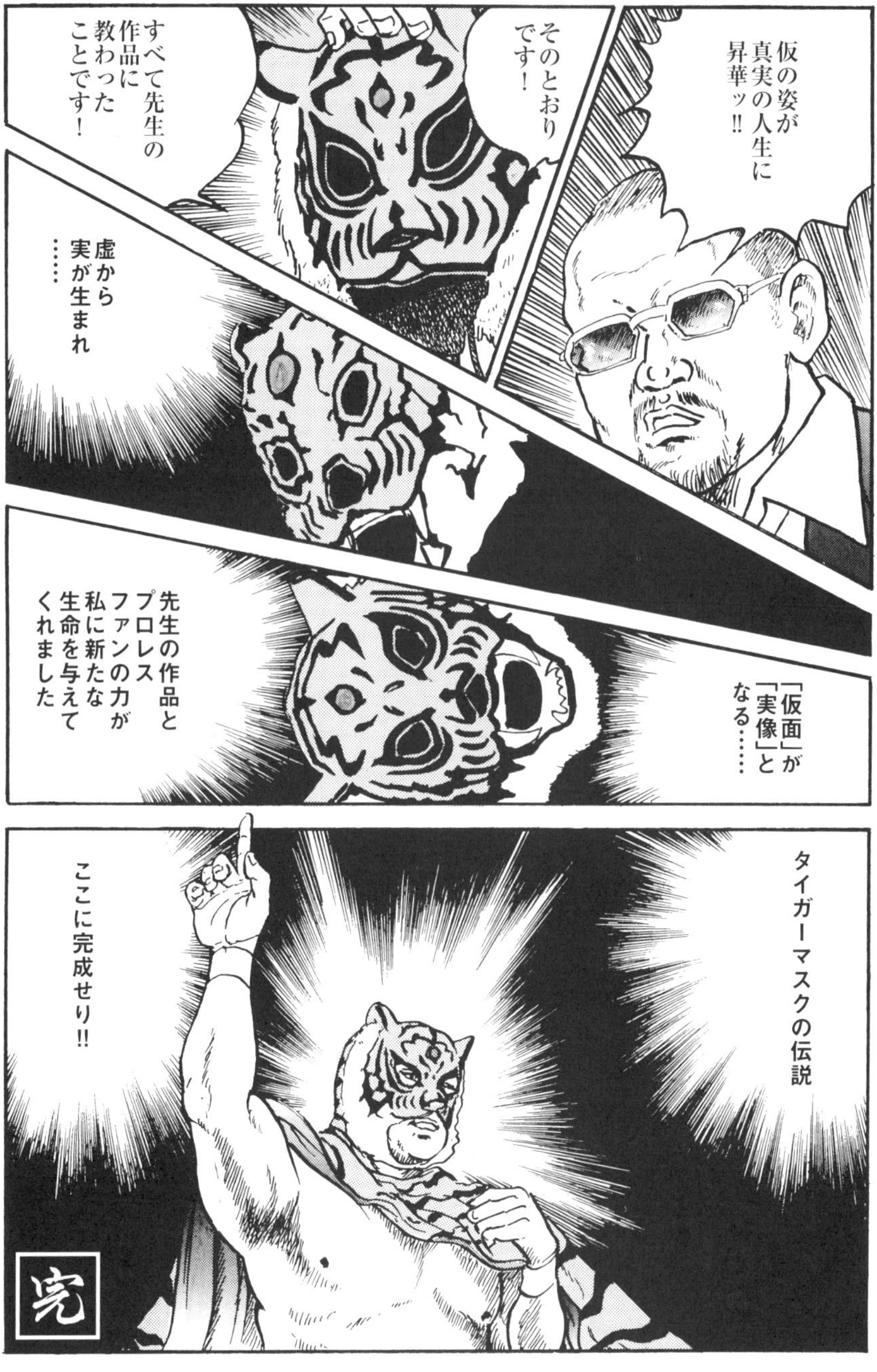
仮の姿が真実の人生に昇華ッ!!
そのとおりです！
すべて先生の作品に教わったことです！
虚から実が生まれ……
「仮面」が「実像」となる……
先生の作品とプロレスファンの力が私に新たな生命を与えてくれました
タイガーマスクの伝説
ここに完成せり!!
完

# エピローグ

## 作品に残された「人間のあるべき姿」

梶原先生が世を去ってからというもの、先生の周辺は急速に静かになった。

全日本プロレスに2代目タイガーマスク（三沢光晴）を登場させるプランには快く協力していた先生だったが、個人的な親交があったのはマスクを脱いだ佐山で、晩年はプロレス界とのつながりも薄くなっていたように感じられた。

事件で逮捕されてからというもの、女性関係のスキャンダルや暴力団関係者との交流など、負の側面が報道され続けた。そのおかげで「梶原一騎」はある時期まで、扱ってはいけない「タブー」といった評価を下されていたフシがある。

それでも90年代半ばに入ると、徐々に梶原先生の作品、そして人間像を客観的に評価検証しようという人々が現れ、僕のところにもさまざまな取材者から「話を聞かせて欲しい」

という依頼があった。

それは本格的な評伝であったり、テレビのドキュメンタリー番組であったりしたが、それらのなかで発表された他の漫画家の先生方の証言には初めて聞く話も多く、先生が亡くなってからも自身の不明を恥じることが多くあった。

『あしたのジョー』のちば先生だけではなく、『巨人の星』の川崎のぼる先生も、梶原先生の原作に負けないプライドをもって、ときに主張し、ときに知恵を出し合いながら作品を創り出していたことを知り、そのプロ意識があってこそ名作が誕生したという逸話は、いまでも僕の心のなかに深く刻まれている。

『列伝』は、梶原先生の創作を信じ込んでいた読者の、ある種のノスタルジーとして語り継がれている側面がある。それは、登場する選手たちの〝盛りすぎエピソード〟のみならず、「貧困と苦難が人間を強くする」「悪役にも高貴な精神が宿る」といった、梶原先生の人生哲学が盛り込まれていたからではないかと思う。

単なるプロレスラーの物語ではなく、そこに人間のあるべき姿が描かれるという二重構造があったからこそ、僕はこの漫画が少年ファンの心をとらえ、いまも語り継がれるような作品になったのではないかと考えている。さまざまな研究者による評論に触れたとき、その思いはさらに強くなった気がした。

## 梶原先生の幻影を求めて

少しだけ、梶原先生亡きあとの僕の仕事について、書いておきたい。

『男の星座』の連載が終わった後、僕は新たな道を模索することになった。もう梶原先生とタッグを組むことはないというプレッシャーと、これまで培ったキャリアがどこまで通用するのか、挑戦したいという気持ちが半々だったような気がする。

原作つき作品の作画を依頼されたこともあったが、これはどうもうまくいかなかった。梶原先生ほどの大物原作者が、僕に自由を与え、比較的のびのびと描かせてくれたことに慣れてしまっていたため、その感覚でネームを仕上げると、その原作者からは「勝手に変えないでくれ」とクレームが入り、最初からギクシャクした。

原作の意図をより効果的に表現するために、僕なりの工夫、味付けをほどこしている感覚だったが、人によってはセリフ一つでも省略を許さないという人もいる。「がんじがらめ」では力が出しにくいタイプの僕は、梶原先生以上に仕事が進めやすい原作者と出会うことができなかった。

プロレスから離れ、経済もの、歴史もの、任侠ものとさまざまなジャンルに取り組んでみたが、ここでは自分の「原作力」のなさを思い知らされた。

若くしてデビューできたことは良かったのだが、表現の幅に直結する知識や人生経験が不足している。また、梶原作品の男臭すぎる世界にどっぷりとはまっていたために、青年誌で要求される女の絵がうまく描けなかったのも痛かった。『サンデー』連載時、僕はお色気を売りにしたコメディ漫画に否定的だった。『サンデー』に限らず、当時はどの雑誌にもかわいい女の子が裸寸前になるような作品があった。なぜか必ず服がビリビリに破れたり、主人公が透明になったり、女性教師が「まいっちんぐ！」と言ったりするような漫画で、それらはＰＴＡなどに猛攻撃されていたものの実は超人気で、雑誌の売り上げにも大きく貢献していることが分かっていた。

僕はそうした絵が描けなかったので、悔しさのあまり「エロに走りやがって……」と見下していたのである。どこかで描けるように練習しておけば良かったのだが、『男の星座』でもオカマ以外、女性はほとんど出てこなかったので、結局、苦手意識が定着してしまった。

週刊誌の連載が終わり、少し気が抜けてしまった部分もある。濃縮された一週間のリズムを体験してしまうと、締め切りが緩い仕事にはなかなか集中することができない。幸い、90年代にはいろいろなところから仕事が入ってきて、また『列伝』が文庫化されたことなどもあって食うには困らない状況だったが、「最初に最高の仕事をしてしまったのかなあ」という思いが消えなかった。

衆議院議員だった石井紘基さんを取材し、社会派の作品に取り組んだこともある。石井さんは日本の構造問題に鋭く切り込む論客として知られていたが、2002年に右翼の男に襲撃され、他界してしまった。この事件も当時の僕にとっては大きなショックだった。

## 深夜のアルバイト生活で学んだこと

それまで漫画一本で生活してきて、「ちょっと仕事がなくなってきたな」と感じたのが2000年代初頭のことである。ちょうど50歳を過ぎたころだった。

「原田君、そこまで食えたんだったら恵まれているよ」

知り合いの編集者からはそう言われたし、僕自身も恵まれていると自覚していたが、現実問題として何とか稼がなければならない。「漫画の仕事じゃないといやだ」というこだわりはなかったので、20代の気持ちに戻ってアルバイトを始めることにした。夜型人間の僕が探したのは主に深夜の仕事である。

日中に漫画を描き、夜は西武のバス清掃やニチレイの冷凍倉庫で作業する。深夜の肉体労働だけに時給は悪くなかったが、バスの仕事は外なので冬場は寒かった。ニチレイは冷凍庫なのでもっと寒い。専用のジャンパーを着て、冷凍食品を運ぶ仕事だが、あの『ロッキー』に出てくるような、巨大冷凍枝肉を持たされたこともある。

マイナス何十度という冷凍庫なのに、仕事をしているうちに汗をかいてくる。

「冷凍庫なのに、汗かくんだな」

そんな経験も、僕にとっては新鮮だった。

アルバイト生活をしているうち、親類が経営していた静岡県のラーメン屋を引き継がないかという話が舞い込んだ。海がすぐ近くの国道沿いにある町中華で、夏は海水浴のお客さんが来てくれたけれども、冬はガラガラ。自分の作品を店に並べておいたら、「え、プロレスの原田さんですか？」と驚き何度も来てくれるお客さんもいたが、ラーメンの世界も甘くない。1年で撤退することになり、再び東京での生活に戻った。

そんなとき、宝島社から短編のプロレス劇画の依頼があり、これが業界でそこそこの評判を得たことから、再び漫画の仕事が増えだした。プロレス団体DDTや『週刊プロレス』、そして『週刊大衆』では柔道家・木村政彦の評伝を劇画化した『KIMURA』（増田俊也原作）も連載した。これらはみな、梶原先生が残してくれた遺産である。

『KIMURA』連載中はネームに行き詰まったとき、いつも「梶原先生だったらどう考えるか」と考えてみた。先生の作品を模倣することは不可能だが、まるで諸葛孔明のように、死せる梶原先生が生きている僕を走らせているような感覚に陥ったことが何度もある。

「いまの調子でやれ！」

40年前の言葉が鮮やかによみがえる——梶原先生はまだ、生きているのだ。

## 「まことのプロレス」を胸に

漫画家としてデビューした日から今日まで、プロレスと関わり続けてきた。『列伝』で主人公として描いた選手のうち、ジャイアント馬場、アントニオ猪木、テリー・ファンク、アンドレ・ザ・ジャイアント、ブルーザー・ブロディ、カール・ゴッチは死去したが、残る選手はいまだ健在である。

さまざまな格闘技に精通し、自身も空手と柔道の有段者だった梶原先生は生涯、「誰がいちばん強いか」という議論を好んだ。もちろん前提条件は「ケンカ」、つまり何でもありのルールで戦った場合の「最強論」である。

晩年の梶原先生は、ジャンボ鶴田を推していた。それはプロレス界最強にとどまらず、「鶴田はどんな格闘家にも勝つ」という趣旨だった。馬場と並び立っても小さく見えない鶴田がもし本気を出したら、猪木どころか千代の富士も山下泰裕も吹っ飛ばすと予想していたようだが、これればかりは永遠に答えは分からない。

ただ、ひとつ言えることがある。プロレスが「最強」かどうかは置くとしても、「最強のジャンル」のひとつであることは間違いない。

相撲、柔道、空手、ボクシング、総合格闘技――世にさまざまなジャンルの格闘技はあれど、戦後日本においてプロレスほど長期にわたり一定の大衆人気を保持してきたジャンルは他にないだろう。

あらゆる競技のスポ根作品を残した梶原先生だが、『巨人の星』より前に『マガジン』で連載したのは『チャンピオン太』（画・吉田竜夫）というプロレス漫画だった。梶原先生にとってもプロレス漫画は原作者としての「原点」であり、生涯をかけてドラマを生み出し続けた、いわば「主戦場」だったと思う。

世間の偏見と闘いながらも根強い大衆人気を誇り、時代を映す鏡であり続けたプロレスは、異端を貫いた梶原先生の作風にとりわけなじむジャンルであり、善と悪の双方を輝かせることのできる最高のモチーフだった。勝者よりも、敗者にこそドラマは宿るというメッセージは、プロレスという触媒によってより大きな広がりを持つことができる。

『列伝』の馬場・猪木編に、こんなシーンがある。

力道山の度重なる暴力と差別待遇に失望した猪木は、プロレスとの決別を誓う。ところが見納めのつもりで観戦したカール・ゴッチと「密林男」グレート・アントニオのシュートな試合に感動し、心のなかでこう叫ぶのだ。

**〈こ、これこそが、まことのプロレス!!〉**

梶原先生の代表作『愛と誠』の冒頭に「愛は平和ではない　愛は戦いである」という有名なフレーズがある。ネルー元インド首相の手紙からの引用とされるが、そこから作品の標題にもつながる「武器のかわりが誠実《まこと》であるだけ」という内容が続いていく。

猪木の感じた「まことのプロレス‼」とは、まさに梶原先生の考える人間の生きざまであり、そこには戦いを通じて大切なことを知り、獲得していった先生の実人生が反映されていたのだと僕は思う。

その意味では、『列伝』を愛読していただいた読者の方々の記憶が、人生という大きな戦いを勝ち抜く一助になれば、天国の梶原先生もきっと喜んでくれることだろう。いまは亡き先生になりかわり、『列伝』を愛してくれたプロレスファンと読者の方々に深く御礼を申し上げたい。

２０２４年10月　著者

**原田久仁信**（はらだ・くにちか）

1951年、福岡県生まれ。高校卒業後、就職のため上京するが1年で退職し、漫画家を目指す。26歳のとき『ビッグ・ウェーブ』で第1回小学館新人コミック大賞に入選し『増刊少年サンデー』でデビュー。1980年、漫画原作者の梶原一騎に指名される形で『プロレススーパースター列伝』の連載がスタート。プロレス少年の絶大な支持を受け『週刊少年サンデー』の看板作品となる。後に梶原の自伝的作品『男の星座』の作画も担当した。主な作品に『劇画プロレス地獄変』（宝島社）、『KIMURA』（原作：増田俊也、双葉社）がある。

---

**「プロレススーパースター列《れつ》伝《でん》」秘《ひ》録《ろく》**

２０２４年11月30日　第１刷発行
２０２５年６月５日　第３刷発行

著　者　原《はら》田《だ》久《く》仁《に》信《ちか》
発行者　大松芳男
発行所　株式会社 文藝春秋
〒１０２‐８００８
東京都千代田区紀尾井町３‐23
電話　０３‐３２６５‐１２１１（代表）

印刷・製本　萩原印刷

定価はカバーに表示してあります。
万一、落丁・乱丁の場合は送料当方負担でお取替えいたします。
小社製作部宛にお送りください。



ISBN978-4-16-391921-8